知花先生に学ぶ
風天のおもしろ話

重川風天

はじめに

みなさん、こんにちは、この本にご縁をもっていただきありがとうございます。

新潟の田舎育ちです。中学、高校は何一つ勉強せず、ただ食べて学校に行っているだけの毎日、早く社会で働いて、パチンコをしたり、焼き鳥屋でお酒を飲んだり、大人の真似をしたくてどうしようもありませんでした。早く彼女が欲しいといつも思っていました。その反面、人間は何のために生まれてきたのか、死んだらどうなるのだろう、神社やお寺は何のためにあるのだろう。

昭和38年、いよいよ社会人です。初めての会社は証券会社でした。酒もタバコもパチンコもずいぶんやりました。競馬も競輪も好きでした。次から次へと転職、十回の記録をもって26歳で、株式会社を興し、一人社長になりました。

運が良く、52歳で社長を辞めるとき、社員が200人近くになっていました。

４７歳のとき知花敏彦先生に出会うことができました。

知花先生は朝から晩まで、「神の話」「愛の話」です。

「神は宇宙法則のことである」、「神は科学である」と、今の科学用語を用いた例え話は、良く理解できました。肉眼では見ることのできない「神の世界」を、３６５日、何十年も、「あのたとえ」、「このたとえ」と、繰り返し、繰り返し聞いているうちに、少しずつ、少しずつ、心で観るようになる、理解できる、実感できるようになってくるのです。


知花先生に出会う前は、「神の力」が毎日の生活や仕事に関わっていたことを知らずに、「おもしろ楽しく」過ごしていました。

前編は、その時の心の動きと行動の話です。

知花先生の講話を聞くようになってから、少しずつ私の意識が変わりました。

「この現象界は心の現れであり、何を思うか、何を意識したかで、それがそのまま現れてくる写し鏡である」

本当に、「心の写し鏡」であることを、実感しています。

知花先生の側にいるチャンスが多くあり、個人指導も多くありました。
そのため、知花先生に関するエピソードが、沢山生まれました。
それらと、私の「希望や夢」を、力を入れて書いています。

見えないエネルギーや、心の働きや、思いの世界には、適当な言葉がないために、ニュアンスとして伝えることを優先したため、少々乱ぼうな言葉や、幼稚な言葉、日本語になってないところもありますが、寛大な心でお許しください。

風天

第0章

人生相談の名人

今をときめく、ベストセラー作家ひすいこたろうさんという人がいます

こたろうさんは、「3秒で人を幸せにする」天才コピーライターとして、活躍しています。

こたろうさんとは、古くからのお付き合いでした。こたろうさんが「人の悪口」を言ったことは、一度も聞いたことがありません。誰に対しても、やわらかくニコニコして接する人柄です。そんな人柄が、天才的コピーを連発しているのだろうと思います。

そんなこたろうさんが、風天を高く評価してくれたことがあったのです。

「風天さんは、本当に人生相談の名人ですよ」

私が人生相談で、悩み事を聞いているときに、彼は何回か同席したことがあったのです。

和子が笑った

娘さんとお母さんです。10畳くらいの畳の部屋にテーブルと座布団があって、私が座って待っていました。障子戸を開けて、先にお母さんが入り、テーブルから少し離れたところに座りました。続いて娘さんが入り障子戸を閉めて、そのままの位置でこちらを向いて座りました。

お母さんは娘さんに「もっと、こっちに来なさい」
風天「いいですよ、そこに居たいのだから。ところで、娘さんの名前は何と云うのですか」
お母さん「和子といいます」
風天「そうですか、ところで相談って何でしょうか」

お母さん「実はこの子が、何があったかは分からないですけど、ずーっと暗くて誰とも話をしないのですよ。元々、明るい子なのに、ここ半年くらいは笑顔を見たことがないのですよ」

風天「大丈夫です。今に笑いますよ」

お母さん「どうしたらいいのでしょうか?」

娘さんは下を向いたまま、私とお母さんの会話を聞いていました。

風天は、いきなり大きな声で「和子さん!」

和子「ハイ!」と、ハッキリした大きい声。

あまりにも突然に名前を呼ばれたので、和子さんは考える余裕がなくて、私の声につられて、大きな声で返事をしたのでした。

風天「和子さん、ここはですね、遠慮してもいいし、遠慮しなくてもいいし、どっちでもいいのですよ」

すると、和子さんは想定外の言葉に反応して、「それならば」と私の方へ、トコトコと近づいて来るのです。

お母さんが慌てて「和子、そんなに前へ行かなくても・・・・

風天「和子さん、すぐ前まで来てもいいのですよ」

和子さんは、テーブルをはさんで私のすぐ前に座りました。そして和子さんは、ニコニコしているのです。

お母さん「和子が、笑った！」

風天「和子さん、本当は笑いたかったのですよね」

和子さんは、うなずきました。

風天「でも、笑えなかったのですよね」

和子さんは、うなずきながら「ハイ」と。ニコニコして、風天と友達になってしまいました。

私は、お母さんに云いました。

「和子さんは、最初は分かりませんが、途中から家族中が『ニコニコしなさい、ニコニコしなさい、暗くなるな、暗くなるな』と、和子さんの選択枝を奪ってしまったのです。和子さんの心の自由を、家族で奪ってしまっていたのですよ」

和子さん、もう大丈夫ですよ。

人生相談パートⅡ

結婚適齢期の娘さんとお母さん

お母さん「長女の一美です。よろしくお願いします。この子はもういい歳なのに、結婚する気がなくて困っているのです。何か良い方法はありませんか」

風天「そうですか、娘さんが早く結婚して、不幸になってほしいのですね」

お母さん「とんでもない、早く結婚して幸せになってほしいのですよ」
風天は、これ以上ないほどやさしい声で「一美さん。」
一美さんは、やさしい声で返してくれます。「ハァ～イ」
風天「あなたは今、幸せですか、それとも不幸ですか」
一美さん「ずーっと幸せです」
風天「お母さん、一美さんはとても幸せだと言っていますよ。私から見ても幸せそうですよ」

お母さん「一美、あなた本当に幸せなの？」
一美さん「本当よ、本当に幸せですよ。お母さん、ありがとう」
お母さん「じゃあ、このままでいいですね（ほほ笑み）」

一同、ニコニコ顔でした。

人生相談パートⅢ

おしっこにご利益があった

部屋の中には私と、深刻な顔をした二人連れ、お母さんと娘さんがいます。

お母さんが口火を切ります。

「実は先日、この子が友達に誘われて、本当は行きたくなかったのですが断りきれなくて、何か宗教みたいな会場に連れていかれて、そこで、お守りみたいなものを１０００円で買わされてしまいました。家に帰って来る途中で、そのお守りがどうしても嫌で、通りすがりの川に捨ててしまったのです。そこまでは、別に問題がなかったのですが、夜、寝る時になって、その捨てたお守りが気になってしまい、だんだん怖くなって、眠れなくなってしまったのです。それからは、毎日が不安で、何かタタリがないかと、特に夜が怖くて、不眠症になってしまったのです」

風天は黙ってうなずいているだけで、何も言いません。

お母さん「どうしたら良いのでしょう。どうしたら良いのでしょうか？」

風天は、小さい声で「それは、大変なことをしてしまいましたねぇー・・・」

お母さん、すこし涙声になって「どうしたら良いのでしょう。教えてください。どうしたら良いのでしょう？」

娘さんも、必死です。二人は不安と恐怖で、青ざめてきました。


風天は、もう限界だと思い。

「それはですね‥‥。それはですね‥‥」


二人は真剣なまなざしで、私の次の言葉を待っています。

風天「うむ、それはですね、‥‥おしっこをかけてから捨てれば良かったのですよ！」

と云いながら、こらえきれずに笑ってしまいました。

するとニ人もつられて、笑ってしまったのです。三人で、腹を抱えて笑ってしまいました。

めでたし、めでたし……

これにて、一件落着！

第0章　人生相談の名人　7

目次

第一章　いろいろな「風」との出会い　29

本当に良い水は、ＨＯ２です
水にエネルギーを入れる
水活性器「風大和」
富士山の噴火とＵＦＯ
オゾン層の修復工事
風天流　水の研究
お風呂の垢だらけの水
天水と地水　金魚と植物にテスト依頼
ボリビアで農業体験
ボリビア半分移住スタイル
敷地内の土壌造り
敷地内に蚊がいなくなった

第一章　いろいろな「風」との出会い

泣いた後の清々しさ

１９７０年代の頃です。

仕事を始めて二年、お金が足りなくなり、銀行から借りようと思いました。

しかし借り方が分かりません。

お客様の大野さんに信用組合への紹介状を書いてもらいました。その時、「お金を借りられるまで、絶対に帰らないこと」を、大野さんに約束させられました。きれいな筆字で巻紙に紹介状を書いていただきました。

これさえあれば簡単にお金が借りることができると思って、朝一番にお店へ入りました。上の役職風の人が書類を真剣に見てくれました。

ニコニコしながら、

「せっかくですが、当組合ではお貸し出しできません。大野さんによろしくお伝えください」

そんな馬鹿な、頭をガ～ンと殴られた感じでした。

「何とかお願いします」

「ダメです。お貸しできません」

「そこを何とか」

「お帰りください」

そのときです、大野さんと約束させられたことを、「借りるまで帰るな」を思い出しました。

「そこを何とかお願いします」

「無茶言わないでください。お帰りください」

「いや、借りるまで絶対に帰りません」

自分の心の中で、「何が何でも借りるぞ」という気持ちになっていました。

やがてお昼も過ぎ、店のはじの椅子に座り、三時の閉店まで頑張っていました。机にしがみついていたのですが、行員三人につまみ出され、呆然として車に乗りました。疲れがどっと出てきて、目から涙がポツンポツンとこぼれ落ちてくるのです。悔しさがどんどん込み上げてきました。

会社に戻る気になれず、近くの秋葉山という丘に向かって走っていました。丘の頂上から街並みを見ながら、声を出して泣いているのです。

「今畜生、あんな銀行なんかつぶれてしまえ」

「そうだ、お金をいっぱい預けて見返してやろう」とか……。

しばらくして、少しずつ心が落ち着き、涙も止まりつつありました。

そして、私の心の中である言葉が湧き上がってくるのです。

「神よ、我に七難八苦を与え給え」

私の好きな、昔の武将、山中鹿之助の言葉です。「鹿も四足、馬も四足」といいながら、急斜面を先頭切って駆け下り、敵を打ち破った勇気ある人物です。鹿之助は常に神に向かって祈ったと言われています。

「神よ、私に七つの難問、八つの苦しみを与えてください。どんなに苦しくても、私は絶対に負けず、必ず乗り越えます」

私も心静かにゆっくりとした口調で言いました。

「神よ、私に七難八苦を与え給え、七難八苦を与え給え！」すると、心の中から力が湧いてきます。

「よ〜し、俺はやるぞ」泣いた顔に笑顔が出てきています。泣きながら笑う、この感覚は何とも言えない清々しさです。幸せいっぱいの精神状態です。

翌日の朝一番に、大野さんのところへ行きました。

「おはようございます。昨日はありがとうございました。約束を破りました。すみません。借りないで帰ってしまいました」

大野さんの最初の言葉が気になっていました。

大野さんはニコニコしながら、

「閉店まで頑張ったんだってね〜。すごかったね〜」

とほめて、慰めてくれました。

「別の銀行を紹介するから明日行ってください」

「いや、もう結構です。自分で何とかします。大丈夫です」

大野さん曰く「そんな事言わないで、もう一度行ったらどうですか」しぶしぶ約束をし、翌日別の銀行に行きました。

またダメだろうと、おそるおそる銀行に入りました。

「おはようございます。北都（私の設立した会社の名前）と申します」、中くらいの役職の人が、「重川さんですね。どうぞお入りください」

あれ、応対が全然違うぞ！

「大野さんが昨日来られました。５０万円用意してあります。ゴム印と実印を出してください」

大野さんが自分の定期預金を担保にして用意しておいてくれたのです。

大野さんありがとうございました。

これが、私が初めて借りた５０万円です。

自分の思った通りになる

３５才の頃、東京都千代田区神田須田町に東京支店を出しました。

メンバーは社員５人と私です。そのころ、新潟の本社には１００人くらいの社員がいました。東京へ力を入れるために、支店には、社長である私が常勤していました。

毎週、月曜日の夕方東京へ入り、金曜の夕方、新幹線で新潟へ帰るパターンでした。指定席が取れない時は、早くならんで自由席です。

ある日、座れるか座れないか心配しながらホームで待って、ギリギリでやっと座れてホッとしたところへ、お婆さんがキョロキョロしながら、私の席の方へ向かってくるのです。心の中で「来るな、来るな」と思っていたら、どういうわけか私の席のところで止まるのです。

「こりゃ～参った。なぜ、私のところへ来るんだ」と思いながら、仕方なしに「お婆さん、どうぞ」と作り笑顔で席を譲るのです。

どうして私の側にいつも来るのか、わかりませんでした。

今ならわかります。「来るな、来るな」と思う前に、そのお婆さんがわたしのところへ来ることを、しっかりイメージしているのです。自分の思った通りになるものですね。

意識はつながっている

東京にいるときはホテル住まいでした。

毎日、朝の6時には出社して、机に向かっていました。まず瞑想する時間。その後、本社へ指示することを用意したり、今日の戦略を練ったり、社員が9時に来るまでには、社長の仕事はほとんど終わっています。朝の8時半には本社の部長と電話会議でのやりとりや打ち合わせをやっていました。

ある朝、瞑想中に熊本さんという社員が、心配そうな顔して出てくるのです。（これは何かあったのか）と本社に電話をしたら「今日は体の調子が悪いので休んでいます」。

あるときは、社員が明るい顔をして出て来るのです。電話で、「嬉しそうだけど何か良いことがあったの？」と聞いてみると、

「社長はどうして分かるのですか？　実は、今度社長にお会いしたときにお話ししようと思っていたのですが、結婚式の日取りが決まったのです」

「そうかい、それはおめでとう」

そんなことを繰り返しているうちに、社員と私の意識がつながっていることを感じはじめました。総務課の女の子に頼んで、全社員の名前と顔写真と生年月日を一覧表にしてもらいました。百人近くいたかと思います。新聞半ページくらいの大きさに厚紙で作ったものでした。

毎朝6時、朝のコミュニケーションの始まりです。

「佐藤さん、おはよう」と声を掛けて目をつぶります。ニコッとした顔をイメージします。次に、「斉藤さん、おはよう」と同じことをします。ニコッとしたイメージが出てきて、次へ進みます。

ところが、「渡辺さん、おはよう」と言ってもニコッともしないのです。いくらイメージしようと思っても、ニコッとしないのです。私が渡辺さんに何かこだわりを持っていたときです。何にこだわっているのか、自分の心を観て「ああ、こんなことか」と分かると、こだわりは消えてしまいます。こだわりなんか、よく観ると本当に小さい、ゴミみたいなものですね。

次に「小野さん、おはよう」。次々に、毎日続けているうちに、社員の体調の良し悪しや、喜びごとや心配ごとが分かるようになってきました。私が真剣か否かで、社員への伝わり方が違ってくることも分かってきました。おもしろくて、毎日、毎日、取り組みました。

東京と新潟に離れていても、社員の心と、私の心はつながっている。

自分に素直な心で真剣に意識すれば、世界中どこにいても、つながることは可能だと確信するようになりました。

自然の生命力との出会い

バブルがはじける、ちょっと前のこと。

少しの間だけ、友人と二人で不動産屋をやったことがありました。

私たちはとっても素晴らしい場所を見つけました。新潟の五頭山の麓、出湯という温泉街から少しだけ入ったところです。そこは、緑がいっぱいあって、昔、弘法大師が寺を作ったことのある場所からもすぐ近くです。

きれいな空気、美しい緑。

小鳥のさえずり、川のせせらぎ。

自然があふれていながら、おまけに国道に出るにも便利な場所で、最高の別荘地条件です。こんな気持ちの安らぐ土地を手に入れ、別荘の建設用地として売り出したことがあります。

計画の図面では、土地の中央に道路を造り、両側に百坪から三百坪くらいに区切って、周囲の緑とマッチしたとてもきれいな建物のイメージ図となっていました。

みんなに喜ばれて、すぐに売れるだろうとワクワクしながらの計画でした。

造成工事が進められている最中に、私も工事を見に行きました。ところが、中央に道路を造るために、緑の木々が次々と倒され、ダンプカーで赤い土がどんどん運び込まれているのです。

緑の香りを壊す赤い土、倒された木の枝が泣いている！

目を覆いたくなる風景、イヤ、逃げ出したくなる情景です。

「私は何ということをしたのだろう」

頭が真っ白になりました。

工事が進み、道路にアスファルトが敷かれ、中央部分は黒くなりました。はじだけが赤い土になったため、違和感が少しだけ小さくなりホッとしました。その道路のはじの赤土の部分に早く草が生えて、

「少しでも自然を取り戻して欲しい」と思いながら、ときどき現場を見に行ったものです。

真っ白な雪が解け始めた春に、草木が一斉に芽を出し始めました。なんとその固いアスファルトを割って、草が芽を出しているのです。

こんな固いものをどうやって割るのだろう。

割って出てきたその新芽は白く、手で触ったら、柔らかくて、つぶれてしまうくらいです。この小さな、白い新芽のどこにそんな力があったのだろう。

自然の力とは、何だろう？

これが、大自然の素晴らしさだ、人間の持っていない大自然の力だと、気づかせていただきました。

この体験からその後、自然の見方が大きく変わりました。

第一次イラク戦争

アメリカがイラクを空爆しそうだ、戦争がはじまりそうだ。

その頃、「生長の家」の信者だった私は、朝の神想観（瞑想）で、毎日、何とか戦争が回避されるように願っていました。

朝6時の瞑想の終わるころ、黒い山から光が4～5回稲妻のように飛んだのを見ました。でも、何のことか全くわかりませんでした。

その日は熊木部長と新入社員の樋浦さんと私の3人で朝一番で、埼玉県の熊谷に出張でした。到着した新幹線の駅に、先方の社長と企画室長がクラウンで迎えに来てくれました。十時半ごろ、その車の中のラジオで、イラクへの空爆が始まったことを知りました。

なぜか心がキュッと締めつけられ、

「ついに始まってしまったか」

少しずつ悲しくなり、目から涙がポロポロとこぼれました。樋浦さんが、

「社長、大丈夫ですか？」

と、声を掛けてくれました。それに答え、

「大丈夫」と声を出した瞬間、涙がどんどん溢れ出てしまいました。

再び、

「社長、大丈夫ですか？」

「大丈夫だよ」と言おうとしたら、とうとう声まで詰まってしまい、詰り声でワァワァ泣き出してしまいました。

先方の社長がびっくりしながらも、気をきかせてくれました。

「コーヒーでも飲んで落ち着きましょう」

と、道路沿いの喫茶店に止めてくれました。

私はトイレに駆け込み、声を出して泣きました。

でも、どうして泣くのか私には分からない。

泣くだけ泣けばサッパリするだろうと思っていましたが、いくら泣いても止まらない。

こんな経験は初めてでした。

泣き顔で仕事も半分くらいで終わらせ、予定通り東京へ行き、ホテルに入りました。

部屋へ入り、いつもの癖でテレビをつけたら、何と朝の瞑想の終わりに見た、黒い山からの光が、テレビに映っているのです。

その光は、爆撃の光だったのです。

人が死ぬ、人が殺されるのがいやだったので、しばらくは、新聞もテレビも見ることができませんでした。

やがて戦争も終わって、少しだけ気持ちが明るくなりました。

精神状態が落ち着き、ポジティブに仕事ができるようになったとき、「あのときの涙は何だったんだろう」と考え始めました。どうしてあんなに涙が出たのだろうと原因探しを、一日何回もするようになってしまいました。

どうしてあんなに泣いたのか。何のための涙だったのか。

そのことを一日中思うようになってしまいました。

ある朝、新潟日報新聞に目を通していたら、こんな記事が目に飛び込んできました。

「瀬戸内寂聴の名前と代理の涙」という見出しです。自分に近い親しい人が悲しいときに、代わりの人が泣くことにより、その人の悲しさが和らぐことがあるという内容です。

そうだ、きっとこれだったたんだろう。

戦争に行く人は覚悟をしていたとしても、その家族がいる。

親の気持ち、子供の気持ち、奥さんの気持ち、中には恋人もいるだろう。その人たちの気持ちを、私が代弁したのだろう。代わりに泣いたのだろうと・・・・。

そうだ、きっとそうだ。

自分自身を納得させようとしていました。しかし、その後も心がカラッとしません。納得させたつもりでも、納得していなかったようです。

その数日後、朝、瞑想をしていたら、ある映像が出てきました。

黒い大きなアリの大群と、反対側から赤茶の大きなアリの大群が現れ、お互いに殺し合いを始めたのです。

あれっ！

アリ共が殺し合いをしていると思った瞬間・・・・それが人間に見えたのです。

あ～っ、人間共が殺し合いをしている。

分かった。

イラク戦争が始まったときに、わたしは、私の心の中を観たようです。

人間共が殺し合いをしている。私も人間です。私が人を殺している。日本は法律上、戦争には参加しませんでしたが、もし参加したなら、日本人が人を殺している。日本人が殺されているという思いだったのです。

アリの殺し合いが見えたということは、人間意識ではなくて、少し高い位置から観たらすぐ分かると、本当の自分・真我が教えてくれたのだと思っています。

私は決心しました。

どんなことがあっても、絶対に人を殺さない。戦争反対だと。

たとえ自分の家族が、親が、子供が殺されても私は人を殺さないと・・・・。今でも、その思いはビクともしません。

第二次イラク戦争

第一次イラク戦争から十数年後、又、イラク戦争がはじまりました。時の大統領はなんと、息子のジョージ・W・ブッシュでした。イラクには大量に石油が埋蔵されています。親子二代のイラク戦争、ブッシュ家は戦争が好きなのかなぁ〜。アメリカは、その石油を横取りしたかったのかなぁ〜。イラクの人たちにとっては、そんなに多くの石油が無ければ、戦争にならなかったのかなぁ〜・・・・。

当時日本の国は、一番最初にその戦争の正当性を支持しました。たぶんアメリカと日本の関係で支持しないわけにはいかなかったのだろうと思います。その時の小泉総理は、自分の本心とアメリカに挟まれて、本心と反対の選択をしなければならない苦しい立場だったと思います。小泉総理、本当にお疲れ様でした。

アメリカ大統領選挙では、ブッシュ大統領はキリストの神に祈ったと思います。「神よ、我に正義のための力を与えたまえ」と。・・・・その力を使って、戦争という人殺しをやっている。神を馬鹿にするのもいい加減にしてほしい。

一方、イスラムの神のために戦う、自爆テロを起こし、多くの人を殺している。イスラムの神が毎日泣いていると思う。イスラムとは、平和という意味だそうです。

全ての戦争が早くなくなるのは、いつのことかなあ。

ある日の風天のひとり芝居

私が４０才になったころのことです。

ある企画を持って出版社を訪ねようとしていたときのことでした。多くの人に広めたいと思っていた素敵なアイデアがあって、ある出版社にアポイントをとったのです。私としてみれば、良い話を人に聞いてもらえると思って、わくわくした気分で地下鉄に乗りました。

地下鉄から降りた私は、出版社の場所がはっきりわからなかったために、道沿いにあるタバコ屋さんで、看板娘ならぬ看板おばあさんに出版社までの道を聞いたのです。

するとおばあさんに、

「あんた、私をタダで使おうって気かい？」

といわれてしまいました。

それは、全く想定外のことばでした。普通だったら、道を聞かれたら、当然、気持ちよく教えてくれるだろうと思ったから、びっくりして反射的に「すみません」と謝って、慌ててその場を立ち去ったのです。

出版社に向かいながら、私の心に次々と怒りがわいてきました。おばあさんに「タダで使う気か」と言われた言葉に腹が立って、腹が立って・・・・。

(あのクソババア・・・・道ぐらいタダで教えたって減るもんじゃなし、そんな考えの人がいるから、この世の中はよくならないんだ)

(そんなババア、早く死んだ方がいいんだ)

歩いている間中、怒りの気持ちがふつふつわいてきます。イライラや怒りの言葉が、次から次へと、すごいスピードで出てきます。

出版社に到着したら、ちゃんとアポイントの時間に着いていたにも拘わらず、随分待たされてしまいました。時間を約束したのに待たされる、このことにも腹が立ってイライラしてしまうのです。

そして、企画内容を話したら、

「もっと偉い方からの紹介であれば……、良い話なのですが……」

と結果的には、丁寧に断られてしまったのです。

その帰り道、また頭の中に、あのタバコ屋のおばあさんへの怒りがわいてきました。二度と顔など見たくないのですが、同じ道を戻るのですから、避けて通ることはできません。遠回りしたいと思っても他に道がないので、逆に嫌がらせでタバコを買ってやろうかとも思いました。

そのとき、私はまさに「鬼の心」になっていたのです。いろいろな手段でそのおばあさんに、復讐してやろうという気持ちでいたのです。

ところが、タバコ屋の近くに来たら、「はっ」と気がついたのです。

あのおばあさんの言ったことは本当だ……。

たしかにタダで使おうと思ったのだ。

おばあさんの言うとおりだ。

そして、おばあさんからタバコを買いました。

自動販売機から買ってもよかったのですが、私はあえてそのおばあさんの手から買ったのです。

そしたら、おばあさんが、

「ありがとうよ」と言ったのです。

おばあさんが言ったことは本当のことで、自分が勝手に「鬼」をつくり出しただけのことでした。


あのときのあの出来事、自分と自分で対話をしていました。

「あんなことがあったけど、今の私だったらどうする?」

『あんた。私をタダで使う気かい?』といわれたら、今だったら『そうでしたねえー』

と即座に答えるでしょう。

『はい、そうです』と・・・。

そんなふうに素直に答えていたら、あのおばあさんは、何の問題もなく、道を教えてくれたかも知れません。

今なら、何の躊躇もなく、素直に対応できる。

少しは、自分が成長していることがわかって、ついつい笑みがこぼれてしまいました。

一人芝居から２０年後の私です。

車を愛撫する

リクルート事件の四、五年前、求人難の時代がありました。大企業から中小企業まで、いかに人材を確保するかの競争でした。会社の将来は、金の卵にかかっているような風潮でした。そんなこともあり、株式会社リクルートも、業績が大きく伸びたのだと思います。

わが社も金の卵を探すのに全力投球でした。求人戦略や面接はすべて私が担当し、何百人かの大学生に会いました。

当時、新潟県内において、大学生の人気企業ランキング（リクルート調べ）で、七位に入り、新潟日報などに大きく紹介されたこともありました。ベストテンの中で、中小企業はわが社だけでした。おかげさまで、金の卵を十人ほど確保することができました。

四月一日、その新入社員が入ってきます。

いろいろなことが起きるスタートです。

その中の一つで、自動車事故が多発するのです。初めて社会に出て、初めて運転するため、不慣れで電柱にぶつかったり、ガードレールでこすったり、人身事故などの大きな事故にはならないのですが、小さい事故がたくさん起きています。

損害保険会社から、「これ以上事故があると、自動車保険料の割増しをもらうことになります」と、厳しい話です。

私は、安全運転管理者の総務部長に命じました。

「みんなで会議をして、いかに事故がなくなるか検討しなさい。そして、その結果を私に報告してください」

長い時間会議をして報告がきました。その内容は「一人一人が気をつける」でした。私は、頭に血が上って、

「じゃあ、今までは気をつけてなかったのか」と大きな声を出してしまいました。部長は反発して言いました。

「では、社長の得意ないつもの方法で考えてくださいよ」

捨て台詞です……。私は、「そうか、わかった。その方法で考えるよ」

私の得意な方法とは、夜、寝る前に心静かに紙に書くのです。交通事故をなくすにはどうしたらよいか、きれいな楷書ではっきりと問題をインプットするのです。

朝になると、答えが自分の心の中に出てくるのです。目が覚めたら、布団の上でゆっくりと、ゆったりとしています。内から声なき声で聞こえてくるのです。

「あいぶせよ、あいぶせよ」

これはなんだろう、あいぶって何のことだろう。ボーっとしていたら、あいぶは愛撫、車を愛撫する……。

「あ、夕べの答えだ。そうか、車を大切にせよということか」

その朝、部長を呼んで、「車を愛撫せよ、だってさ」

「車を掃除すればいいのですか？」

「それもそうだが、車を愛撫してくれ」

それぞれが乾いたタオルでハンドルやフロント・シートなどを撫でてやる、車が汚れているときは、まめに洗車する。

社員全員がそれぞれ車をかわいがってから、事故はゼロになりました。

やさしさ、思いやりは本当に大きな力なのですね。

レース結果が出る前に見えた

三年間くらい、座禅に夢中になったことがありました。禅寺へ通って指導を受けました。

「調身、調息、調心」

まず初めに身体を整える。座禅で両足を組むのは痛くて、痛くてたまりません。最初の頃、これは我慢大会かと、いつも思っていました。よ～し、今日も我慢比べに行って来ます。でも、慣れてきたら、こんな楽な座り方があるのかと思うようになりました。

次に調息です。鼻から吸って口からゆっくり吐く。鼻から吸うと酸素は脳へ行くのです。その後、腹に落としてゆっくり口から吐くのです。

そして調心です。目を開けていると周囲が見えるし、目を閉じると雑念が湧いてくるので、目は半分開いて、半分閉じる。すなわち半眼にして、雑念を抑えるのです。その結果、心が落ち着くのです。無になる、無心になる、無私になる。しかし、いくらやってもなれません。だってあるじゃないか、それでも毎日毎日続けました。


三年間のうちに数回だけ、私は面白い意識の世界に入ったことがあります。気持ちの良い、何とも言えない幸福を感じる世界です。これが座禅かとその時思ったものです。ある日曜日の朝、その座禅での感覚を体験しました。嬉しくって、楽しくって、どうしようもない気持ちの良い感じでした。

その頃、私は競馬が好きで、ずいぶん通ったものです。その日も、座禅のあとに、友達と三人で新潟競馬場へ出かけました。競馬場に着いても嬉しさ、楽しさが続いていました。

そのとき、突然のことですが、まだ、スタートしていないのに、ゴールへ馬が入ってくるのが薄っすら見えたのです。ぼやけていますが、馬の番号や騎手の帽子の色がハッキリとわかるのです。

あれっ、これはこれから走るレースだ。本当だったら凄いぞ！

これは前に本で読んだことのある、時間を超越して未来を観ることがあるということを思い出しました。意識の世界で起きたことは、後で現象として現れてくる—。その日は三レース、先に見えて楽しく遊んだことがあります。でも、それをキッカケにしてなぜか競馬は一切しなくなりました。

釈迦の聖地を訪ねる

今から20年ほど前、釈迦の教えを真剣に求めたことがありました。

「そうだ、釈迦の聖地を訪ねてみよう」

当時、お付き合いをしていた船井総研の副社長ともう一人、インドネシアの大手スーパーの社長、三人でインドに出かけました。

釈迦は、若い頃、王子という身分で周囲には常に多くの美女がいて、贅沢な生活をしていました。ところが、いつしかそんな暮らしが空しくなっていったのです。

なぜ、人は生まれてきたのだろう。

なぜ、人は老いていくのだろう。

なぜ、人は病むのだろう。

なぜ、人はやがて死ぬのだろう。

いわゆる生老病死の四苦に悩み、自らの地位を捨てて求道の旅に出たのでした。私たちも少しだけでもその真似事をしようと、当時、世界一のホテルといわれた、バンコクのオリエンタルホテルに宿泊。しかも、いろいろな偶然が重なって、何とそのホテルに一つしかないＶＩＰルームに泊まることができ、三日間そこで過ごしました。それは、それは王子様気取りでした。

その贅沢な経験後、インドに向かいます。インドのニューデリーに到着すると、ブッダガヤまで移動します。本来なら、飛行機で行くはずが、予約がうまくいかず、列車に変更して行くことになったのです。不幸なことに乗り込んだ列車が、とにかく凄かったんです。

何が凄いとかと言えば、まるで20年前の東京の通勤ラッシュ。ギュウギュウ詰めで、まったく身動きができない。発車前からすでに汗だくのまま、列車が動きだしました。さらに、インド人は背が高いため、ちょうど私の鼻の前に〝男の脇の下〟がきてしまい、ワキガの臭さで頭が狂いそうでした。

そんな中、現地のガイドさんがお金を払い、私たちの座席を確保してくれました。座席といっても、荷物を載せる、木でできた網棚みたいなところです。それでも、荷物の代わりに座ることができ、少しホッとしました。

ガイドさんが言います。

「到着までは、8時間くらいです。頑張ってください」

「よぉ〜し、頑張るぞぉ!!」と気合を入れます。

網棚の上から見ていると、インド人の家族がニコニコしながら、汚い袋からナンを取り出し、食べ始めました。昨日まで世界一のホテルに泊まっていた私たちですから、何を見ても汚く感じます。

「よく、あんな不衛生にしているものを食べられるなぁ」と思いました。

まもなくして、隣りに座っていたおじさんが、私の方を見て、挨拶をしてきました。挨拶を返さなければと思い、あわてて作り笑顔の挨拶を。その人もまた、ワキガの臭いがすごいのです。おじさんが、ナンのようなものを汚い袋から取り出して、私に、「どうぞ」と差し出すのですが、

〝今は、お腹いっぱい〟とジェスチャーで答えました。でも本当は、お腹ペコペコでした。

しばらくして、ガイドさんが、

「お腹がへりませんか？」

と、聞きにきます。

先ほど、ホームレスみたいなオジサンが、弁当を売りに来たのを見ていたのです。

「大丈夫です！」と即答。何しろ大便が山ほど溜まっていて、ドアが半分しか閉まらないようなトイレの前をウロウロした弁当です。とてもじゃないけど、食べる気になれません。

「とにかく8時間、我慢すればいいのだ！」と言い聞かせながら、自分で持っていた飴をなめ、ミネラルウォーターを飲み、空腹を凌ぎます。

もう随分走ったから、あと、2時間くらいだろうと思っていました。また、ガイドさんが様子を見にきてくれたので、

「あと、どれくらいですか？」と、内心期待しながら質問すると、

「あと8時間です」と言うじゃありませんか！

「ああ！　ウソでしょう？」でも、よく考えたら飛行機でさえ2時間かかるのだから、列車で15時間かかるのは当たり前なんですね。

ガイドさんは、最初から本当のことを言ってしまうと、私たちが参ってしまうだろうと気を遣って、短めに〝8時間〟と言ってくれたのだそうです……。

それからは、全てが急変しました。到着までの時間を思うと、急激に腹が減り、先ほどまで苦しんでいた、ワキガの臭いなど一切気にならなくなり、むしろ、いろいろな食べ物のいい香りが鼻を刺激します。

右から左から、下からも、プ～ンと美味しい香りがしてくるのです。〝臭い・不衛生・汚い〟

という観念が、一切消えてなくなっていたのです。そこで、ガイドさんに「お弁当ください！」と、大きな声で頼み、さらに、そのお弁当がとても美味しかったことを今でも覚えています。

旅行から帰ってきて、あの感覚の変化、観念の変化……これは、いったい何だったのだろうと考えました。地獄から天国へ、こんなに簡単に変われるものなのか……。その後、私の意識から〝汚い〟という世界がなくなりました。もし、あるとすれば、それは自分を含めた人間の心だな……と。

聖地と呼ばれる、釈迦が説法をし、生活したところでは、文章や言葉では言いあらわすことができない、もっとハッキリ言うなら、自分でもわからない「何か」を感じていました。

数週間のインドの旅、毎日、現地の子供たちと接します。私は、持ってきたトランクにギッシリ詰め込んだ鉛筆・ノート・消しゴム。それと、多く用意した亀田製菓の小袋の「柿の種」をあげるのです。暑いインドでは、ピリ辛の米菓が喜ばれました。

どの子も、輝いた目をしていて、大きい子供が受け取り、小さい子供たちに平等に分けてやるのです。その微笑ましい光景を見るのがとても楽しみでした。逆に、インドの子供たちから大きなお土産を頂いたようなものでした。

トラベルは、トラブル続きでしたが、無事、大阪の伊丹空港へ到着しました。早朝の5時到着、まず、久しぶりに日本の新聞を買い、目を通しました。その記事を見て、愕然としてしまいました。世界第二の経済大国日本の実状でした。

「世界中で年寄りの自殺率、日本がトップだ」という内容でした。まさか、ウソだろうという思いでした。

日本の敗戦から、今の経済大国までにつくりあげたのは、今のお年寄りの人たちではないか……。子供の頃、父や母をはじめ多くの親たちが、眠る時間を惜しんで働き、また自分が食べるのを我慢して子供を育てて、日本の国をつくってきたのではないか。一番初めに、幸せになるのは、お年寄りの方ではないのか。それがなぜ……。

第二章　本当の自分を知る学びに入る

知花先生との出会い

当時、インドをはじめ世界のどこを見ても、また国内を見ても「かわいそうな人」があまりにも多いように思えてなりませんでした。

「天は人の上に人を造らず　人に下に人を造らず」

「人間は全て生まれながらにして自由で、平等である」

でも私から見たら、どう見ても平等では無い。多少甘く見ても、不平等である。

なぜ、幸せな人と不幸な人がいるのだろう。

なぜ、全ての人が幸せになれないのだろう。

釈迦の言葉に、「極楽浄土は今即あなたの心の中にある」、「幸せは今即心の中にある」というのがあります。

私は、この意味が知りたくて、知りたくて、仏教やお寺に近づいて行きました。でも、多くの坊さんに会って聞いても、私を納得させてくれる人はいませんでした。

また、イエスの言葉に「天国（幸せ）はあなたの手より足より近し」とあります。手より足より近いということは、やっぱり心だ。今度は、キリスト教に入り、教会へ通い、牧師や指導者と一緒に学んでいましたが、やはり私を納得させてくれる人はいませんでした。

そんなことから、自分でやるしかないと始めたのが、滝行や断食や座禅でした。そして、瞑想に関しては若い頃から関心があり、手まね、足まね、ものまねでやっていました。瞑想の会には数多く参加し、色々な瞑想の指導者にも教えをいただきました。それは、それは、20年間、真剣勝負でした。

それでも、幸せが心にあるという意味が理解できませんでした。いつも心のどこかに曇りがあるような感じだったのです。

それがある人との出会いで、心が晴れたのでした。

清里にすごい先生がいる。

沖縄出身の人で、どんなことでも知っている。

アカシックレコードとつながっているそうだ。

釈迦やキリスト級の人らしい。

こんな噂を聞いて、いても立ってもおられず、清里へ行きました。優しい先生と聞いていたのですが、何と鋭い目、こんな怖い目は初めてです。身が縮むような思いです。人間のいやしい心、色情の心、私のことを全て見すかされている。それでも、作り笑顔で耐えている感じです。先生が気をつかってくれてか、メガネを掛けてくれて、少しだけホッとしました。

先生曰く、

釈迦もイエス・キリストも全く同じことを教えているのです。弟子らが本当の教えを理解できなかったために、仏教やキリスト教という宗教団体を作ってしまった。そのために、神や仏の純粋な教えを学ぼうとしている人たちの道や方向性を変えてしまっている。大きな損失です。こんな話から入りました。

知花先生は十数年間、毎朝、毎晩、講話をしてくださいました。

生命とは何か、肉体とは何か、

実相とは何か、仮想とは何か、

天とは何か、地とは何か、

真理とは何か、物理とは何か、
空とは何か、色とは何か、
悟りとは何か、
宇宙エネルギーとは何か……。
毎日、毎日、さまざまな角度から見えない真理の世界、空の世界、神の世界を、相対的手法を使い、たとえ話を用いて話してくださいました。
私にとって、初めての講話です。ピッタリ夜8時からです。その日は30人ほどの人が集まっていました。
「みなさん、こんばんは。早速ですが……」と話に入りました。当時、私は「生長の家」の信者でした。神の話、生命の話、どんな話を聞いても全て「生長の家」の谷口雅春先生とダブらせて理解するクセがついていました。
そうだ、そうだ。わかるぞ。あれ？　これは違うぞ。とか、30分くらい左脳を使って、納得しようとしたり、戦ったりしていました。そのうち、だんだん疲れたのかも知れませんが、私の中の谷口雅春先生が消えてしまいました。知花先生の話に集中できたのでしょう。そしたら、胸や体が熱くなって、その目から涙がジワ～っと出てくるのです。そして、頬を伝わってどんどん流れ出すのです。少し恥ずかしくなって、唇を噛み締めます。それでも、涙はどんどん流れます。

そのとき、先生が私の方を見て軽くうなずいてくれました。

それでいいのですよ。それで良いですよ。という感じです。

二日目、三日目も同じように涙が流れ落ちました。いつまで続くのかと思っていたら、七回位同じ現象が起きたように思います。そして、次からはなぜか涙はピタッと止まってしまい、逆に拍子抜けした感じでした。その涙の流れた後の清々しさは、それは、すごいものでした。私のきたない心が、涙で洗われたような感じでした。

知花先生の話は本物らしいと感じた

「人間は肉体と生命の融合体である。

目に見える肉体が自分なのか、その肉体をつくり動かしている見えない生命が自分なのか、自分の心に問いなさい。それは、話しを聞いていれば分かります。表面的に、左脳から見れば知っています。それは生命が自分です。なぜ、生命が自分なのか自問自答しなさい」ということです。

先生と初めてお会いした日に、先生よりいただきものをしました。冊子「神我顕現への道」と先生の講話テープです。

先生曰く、

「講話テープはいくらダビングしてもかまいません。それを人に売ろうが、ただであげようが、あなたの自由です」

なんて気前の良い先生なんだろう。どんどんダビングして友人、知人に配りました。新潟での仲間が20人くらい集まりました。家族も全員「知花先生大好き！」でした。そのうち家族も全員、清里に行くようになりました。やがて、友人は9人乗りのファミリーカーを買い、金曜日の夜に新潟を出発し、土曜の朝方に清里へ着いて6時よりの講話を聞きます。清里の空気の良いところで昼寝をし、瞑想して夜の講話を聞いて、日曜日の朝6時の講話を聞いて新潟へ戻る。毎週こんなパターンを2年くらい続けました。

そのうち、新潟へ来ていただき、講演会を開くようになりました。私の家族や会社の社員、友人知人、多くの人に話を聞いてもらい、仲間がどんどん増えました。その反面、清里へ行かなくなった人、行けなくなった人が出てきました。行かなくなった理由は、毎日毎回同じ話でつまらない。行けなくなった理由は、家族の反対です。変な宗教みたいだから止めなさい。

それでも私達仲間は、みんなで力を合わせ知花先生のテープとビデオテープをダビングし、県内、全国へ向け配りました。

なぜそのようにしてまで、テープを配ったり、知花先生の存在やそのお話を伝えたかったのか。周囲を見たら、重川さん達は変な宗教にはまって、マインドコントロールされているように思えたようです。

知花先生は、「宗教は迷いの人たちの集まりで、宗教団体へ入ったら、悟りは不可能に近い」とか、「団体組織を作ることは他と分離してしまう、全てが一つにならず、分離感という力を強くしてしまうので、組織は作らない方が良い」と言っていました。

私が人さまに伝えたかった理由の一つは、知花先生の話は本物らしいと感じたからです。

それまでいろいろな勉強や宗教遍歴を体験した結果、そう思えたのです。

もう一つ大きな理由は、初めて先生の講話を聞いたときの、あの涙の清々しさ、あの喜びを一人でも多くの人に伝えたかったからです。

風だという妙な感じになった

春のゴールデンウイークは一週間くらい休みが取れます。その間、もちろん清里で過ごします。清里は標高９００メートルくらいです。そのころは草木が一斉に芽を出し、一面若竹色の世界です。周囲は、その新芽から出るエネルギー、オーラであふれています。すべての生物が活動し始めたその頃は、心身共に安定した毎日です。

朝の講話、昼の瞑想、昼寝、夜の講話は何とも言えない心地良さです。昼寝が終わり、外へ出て若葉の景色を見ていたら、そよ風が私の頬を軽くなでるのです。風が私の身体全体を愛撫してくれるのです。

その瞬間、

あれ！　私は風と一体になった。風が私だ。私が風だという妙な感じになり、わたしと風が完全に一体化したような気分になりました。その風に乗って、わたしが飛んでいるような感覚になりました。生まれて初めての体験です。

変な、面白い気持ちになって、今度は、眼を若葉に向けたら、わたしと若葉が一つになっている感じです。意識を青空に向けたら、青空の中に吸い込まれて行くのです。そうか、心静かに意識を持っていくと何とでも一つになれるのか。そんな気がしました。その感覚は、その後の、私の人生に大きく影響を与え続けています。

知花先生の近くで学びたい……引っ越しを決意

毎日、毎日、同じ話を聞き、時には眠気をこらえ、自分の足をつねったりして聞いている、我慢比べの日もありました。

仲間が言いました。

「いやぁ、今日は眠かったわ！」

私はすぐに反応して「今日は全然眠くなかった」

「当たり前でしょ。風天さんは始まると同時にスヤスヤ。終わりの拍手で眼が覚めたんでしょ！」

真冬の朝6時、氷点下15度。それでも休まず講話を聞きに行く、あのエネルギーは一体何なのだろうと思うくらい自分でも不思議でした。とうとう麻薬中毒にかかったようです。


「あなた達は何のために生まれてきたのですか。

お金を貯めて良い生活をするためですか。

美味しい物をいっぱい食べるためですか。

素敵な相手と結婚するためですか。それとも、会社の社長をやるために、生まれてきたのですか」

毎日、講話の中に、このような意味に取れる内容がいつも入っているのです。

「すべての人類の目的は、まず、本当の自分を知ることです。自分が何であるか分からずして、他にどんな素晴らしいことがあっても意味がないでしょう。

あなたは本当に人間ですか。

肉体ですか。個人ですか。よく考えて下さい。

生命があなたでしょう。魂があなたではないのですか」


頭と知識では当然分かっているのですが、知識で分かっていても、それは分かったというのではありません。実感しなければならないのです。

毎日、毎日、こんな話になると、いつも怠けているような気分になってしまいます。一人離れ、二人離れ、入れ替わりがずい分激しいようにも思いました。そのうち私の心の中に大きな変化が起きてしまいました。

本当の自分が何であるか知らずに、一生を終るのはいやだ……。清里へ引っ越し、知花先生の近くで、毎日講話を聞き、瞑想を中心の生活をする決心をしてしまいました。そうだ私は生まれ変わる。生まれ変わるにはどうしたらいいか。一旦死ななければならない。そうだ、今までお付き合いしていた全ての人と縁を切ればよい。全ての人の電話番号、名刺、住所録を捨てて、携帯番号もなくし、誰にも言わずに行動しました。そして、200人近い社員がいる会社を辞めて、家を売り払い、清里へ引っ越してしまいました。なぜそこまでの決心をしたのか、それは先生の講話を聞き、本当の自分とは何か、命とはどこからくるのか、天国とは何か、神とは何かを知りたかったからです。

自分自身にも家族にも迷っている時間を与えず、それは、それはスピーディーな決断と行動でした。生活費も充分でない家族は大変だったと思いますが、私は充実した毎日です。これで自由に本当に学びに入れるとワクワク喜んだものです。このときから、「風天」という名前にしたのです。「フーテンの寅さん」にあこがれていたのです。

一つは、自分の心を中心に、自由に生きること。

もう一つは、明日のこと、面倒なことは考えない。今を生きている。そんな生き方が、魅力でした。

知花先生を知る前は、中村天風先生のお教えにも触れていました。知花先生と同じヒマラヤ聖者の部落へ招かれていろいろのことを学んできた天風先生。私が「天風会」へ顔を出している頃は、天風先生はもうこの世にはいませんでした。天風会2代目会長の杉山先生にお会いし、いろいろお教え頂いていました。天風先生の、天と風を入れ替えると「風天」になります。

今から50年前は、天風という威厳のある言葉が大事だったと思います。私は風天(フーテン)という、軽い波動がとっても好きなんです。

第三章　新しく生まれたての風天です

アオウームと云う響き

新しく生まれ変わる風天を知って頂くために、清里へ引っ越す前の話を少しさせてもらいます。

１９９３年、４８歳の頃までは、仕事も趣味の一つとして、楽しく働いていましたが、清里へ知花先生の講話を聴きに行くことがより楽しくなってしまい、生活パターンが大きく変わってしまいました。

その頃は、清里の「やすらぎの里」と云うペンションで、知花先生は朝晩、毎日、お話し（講話）していました。朝6時、「みなさんおはようございます。早速ですが‥‥」。晩は、８時から「みなさんこんばんは。早速ですが‥‥」。話の最後は、いつも「ありがとうございました」で終わるのです。その「ありがとうございました」に、いつも心が入っているという思いでした。１時間半から2時間です。その頃は人数も少なく、土日以外は２０～３０人位でした。

当時、知花先生は「環境保全研究所」の顧問をされていました。場所は、車で１０分程のところにありました。そこには、旋盤やドリルや溶接機をはじめ、多くの工作機械がありました。そこで知花先生は、宇宙エネルギーの発電機や、環境を良くするための微生物や、エコロジーの研究をされていました。

その頃の先生は、時間の余裕もあったようで、私は何回も、先生の車で研究室へ連れて行っていただきました。研究中の装置を見せてもらったり、その仕組みなど、色々な話を聴くことができました。

事務所でコーヒーを淹れてもらい寛いでいる時に、先生が、椅子に座っている私の後ろに回り、「いいことを体験させてあげましょう‥‥宇宙の創造の響きである」と、両手で私の耳を軽く塞ぎながら、「アオウ～ム」と唱えてくれるのです。何回も何回もずいぶん長い時間唱えてくれました。

「アオウ～ム」

「アオウ～ム」

その音声を受けて、私の体に何かが伝わって来るような感覚になり、そして、次第に、何も感じない、響きだけが聴こえるような感覚になり、やがて身体中が、震えているような、震えていないような、そんな不思議な感覚になりました。先生が手を離した後も、まだ響きの余韻がありました。先生が、「これが宇宙の、一番初めの響きなのですよ・・・・それは、アオゥームであって、オウムではないのですよ」と。

そのすぐ後で、沖縄から先生についてきて、研究所で働いている大村さんから「重川さん、先生にあんな風にエネルギーを体験させてもらった人は、あなたしかいませんよ。みんなは、羨ましいと思います」と、云われました。私は、申し訳ないような、嬉しいような・・・とにかく、知花先生のお教えをしっかり学ぼうと決意したことを、今でも鮮明に覚えています。

それからずっと後になっての話ですが、余談の中で知花先生は、こんな話をしてくれました。「もし、オウム真理教が、アオゥーム真理教と云う名前にしていたら、もっと別の方向に進んでいた可能性がありました。それほど、アオゥームと云う響きに大きな力があるのですよ」と。

有限会社　東日

先生の学びを真剣に捉えている私たち数人に、ある日、先生からこんな話がありました。「みなさん、有志数人で有限会社をつくってください。これからより多くの人に真理を伝えるために必要なんです。真理は、思いや話だけでは、伝わり難いのです。私がエネルギーグッズをつくります。それを、販売する会社を通して拡げてほしいのです。その商品に真理を乗せて、拡がって行くのです」

私たちは、それぞれが声をかけ、賛同してくれた十数人が出資して、有限会社をつくることになりました。

○月○日○時より、会社設立のための会合を開きます。その時に社名を決めたいので、各々が考えてきてください。誰かが、「できたら『あ』と云う字から始まる社名がいいかもね」。私はいつもの如く調子良く、「俺は名前をつけるのが得意なんだ」とホラを吹いてしまったのでした。

それから10日間くらい悩みに悩んで社名を考えていたのですが、なかなか良いのが思いつかないのです。ホラを吹いた手前、深刻になってきました。その夜、寝る前に「朝起きたら社名が思いつく」ことをイメージして床につきました。翌朝、目覚めて布団の上で体を軽く左右に動かしていたら、ふと「東日」と云う漢字が浮かんできたのです。でも、その漢字の読み方が分からない。「これ、何て読むのだろう？『とうじつ』なのか、『ひがしび』か。なんだか、わけがわからん。これじゃ、ダメだなあ」。

ついに会合の当日です。仲間からは、「重川さん、今日は期待していますよ」と声を掛けられました。私は、ホラを吹いた手前、一生懸命「予防線」を張っているのです。いよいよ会社名を決める案件です。議長が「では、こちらの端の方から発表してください」、「では、次の方」、「では、次の方」……、とうとう私の番です。どうしようもないので、黒板に「東日」と書きました。すると誰かが、「それ、何て読むの？」と。私は、あわてて「やっぱり、これダメですよね」と、読み方を答えずに、提案を取り下げようとしました。その時に沖縄出身の人が、「それ、沖縄では『あがりび』と読んでいます」と発言してくれたのです。

そしたら誰かが、「東洋の、東の先端の国、日本から日が昇る、日本から精神世界の日が昇る。しかも、『あ』から始まっているよ」と解説？　してくれました。みんなが「すごいよ、すごいよ、これに決まりだ。やっぱり重川さんは、名付けの名人だ」。そして、私の後の人の提案も聞かずに、「有限会社　東日」に決まったのです。

次に「役員と社長」を決める議案です。事前に知花先生の意向も伺っており、私、重川が初代の代表取締役を務めることになりました。

そのあと、河合勝さんと私の二人が、「東日」に決まりましたと、知花先生に報告しました。知花先生は、「良い名前に決まりましたね」。その時の雑談で先生は、「日向（ひむか）と云うのも良い名前ですね」と云われました。もし決まっていなかったら、「日向」を提案したような雰囲気でした。河合さんは私に、「日向って波動の高い名前なんだね・・・」と。「有限会社　東日」の本社は清里ですが、私がやっている「株式会社　北都」の東京支社（池袋）の片隅に「東日」の机を一つ置いて、そこで私が、「東日」の業務をこなしていました。

私たちの話を全部聞いているようだ

新潟から仲間数人で、毎週のように車に乗り合わせて、清里へ知花先生の講話を聴きに行きました。その当時は、新潟から高崎まで関越道で行き、高崎から佐久へは、高速道がまだ開通していなかったので、一般道です。さらに、一般道で清里に入ります。時間は、休憩も入れて新潟から清里までは、7時間くらいかかりました。車の中での会話は、「真理の話」や、「ニュースの話題」、「仕事の話」などでした。ある時、こんな会話がありました。「知花先生は、UFOを呼ぶことが出来るそうだから、一度、(UFOを)間近に見てみたいね」と。

朝5時半頃到着し、6時からの講話を聴くための「心の準備」です。軽く目を閉じて、先生が来るのを待っています。先生は物音ひとつ立てずに、私たちが並んでいる後方より来られます。それは、周りの音が聞こえたり、気配で分かります。

「みなさん、おはようございます。早速ですが、今日は、なぜ人間は神なのかを、しっかりお話ししたいと思います」。話が続いて講話の終わり近くになって急に、「まだみなさんは、UFOを見たいなどと云っていますが、UFOは神ではありませんからね。現象界の話です」と、まるで私たちの車内での会話を、全部聞いていたかのように話をするのです。そして、「そんな時間があったら、瞑想しなさい、神を意識しなさい・・・」と。

朝の講話は、6時から始まって、7時半頃までです。先生は講話が終われば、会場の隣の自宅に戻ります。私たちは会場に残って、瞑想したり、雑談したりします。この日、知花先生は9時半ごろに、ヒョコっと私たちの所に顔を出してくれました。みんな喜んで、先生が何を話すのかを待っています。

私が、「先生、少しいいですか。今日のUFOの話、先生は私たちの道中の会話を、車の中でUFOの話をしていたのを全部知ってらっしゃるのですか」

先生は、「大体は分かります。本当は、みなさんも今日、知花が何を話するのか分かっているのですよ。まあ、半分はみなさんが、今日、知花が何を話すのを察知して、前取りして車の中で話題にしているのですよ。もう半分は、知花がみなさんの会話を前取りして講話に出していると思って下さい。本当に神我になったら、全部分かるのが当たり前なんですよ！」

初めての新潟講演

知花先生に、一泊二日で新潟に来ていただいて、３か所で講演会を開催しました。いつもの清里での講話よりも、もう少し現象界的な話も多く取り入れてくださり、参加者みんな、それぞれ喜んで聴いてもらうことができました。

その講演の中で、先生が、「今、新潟は、いつ大きな地震が起きてもおかしくない状況にあります。地面がパンパンに膨れています」。と言われたので、講話の後、昼食時にレストランで、私は先生に、「地震はいつ頃起きますか。どのくらいの大きさですか」と聞きました。

先生は、「でも大丈夫ですよ。心配しないでください。ところで、新潟は広い範囲で石油が出るのですか」

私は、「いいえ、石油は新津と云うところで、ごく一部です」

先生は、「そうでしたか、新潟平野が一面、炎に包まれているイメージがあったものですから」

私は、「石油ではなくて、天然ガスが沢山あるのです」

先生は、「あ、そうですか。収穫間際の稲が燃え、一面、火の海と云うイメージだったんですよ。でも、本当に大丈夫ですから」

その一週間後に能登沖で、やや大きな地震がありました。私は、すぐに先生に、「新潟の地震が移ったのですか」。先生は、「そうですね、そのようですね」と。

その後、知花先生には、新潟に何回か来ていただきました。二回目の時だったと思いますが、先生が新潟に来る日、大雪になってしまい、時間に遅れそうになったことがありました。

その時の、知花先生の講演の第一声が、「みなさん、すみませんでした。今日の大雪は私のせいなのです。夕べ、寝るときに何故か、『明日は新潟だ。雪が降らなければいいな』と、うっかり雪の降る光景を、一瞬でしたが、観てしまったのです。そのために、こんな大雪になってしまったのです」と。

函館にＵＦＯがやってきた

北海道の函館に沢田さんと云う友人が出来ました。

ある日、沢田さんから、新聞記事のファックスが届きました。その内容は、「函館にＵＦＯが時々来ている」という記事と、ＵＦＯの写真でした。

そんな頃、知花先生も「函館に行ってみたい」と云うことでした。函館の沢田さんも、新しいことが好きな人で、色々研究している人で、知花先生とも面識がありましたので、知花先生を誘って、一緒に函館に行きました。

それから数週間後に、奥尻島で地震が起きました。大きな津波に、大きな被害がありました。その後の知花先生の話は、「函館山火山の噴火のエネルギーが、奥尻島の地震に変わった」のだそうです。ＵＦＯが函館山に来ていたのは、「波動調整をして、エネルギーを動かしていた」そうです。そして奥尻島の津波の高さに関して、「気象庁の発表の数字よりも、はるかに高い波だったと思いますよ」と、知花先生が云っていました。それから知花先生は、「テレビで世界中に津波のニュースが流れ、世界中の人が、見たと思います。あの時は、神からの警告として、いくら物や、お金を貯めても、一瞬のうちに、泡として消えてしまう。物やお金には、価値の無いことを気付いて欲しいと云う意味（エネルギー）があったのですよ」と言われました。数年後、気象庁は奥尻島の津波の高さについて、大きく修正（高く）したことがあったなあと思い出しました。

魂が先に見ている

まだ知花先生に出会う前のことですが、インドへ、釈迦の聖地を訪ねたことがあります。初めての訪問です。

たしか、ブッダガヤへ行く方向にバスが走っていた時のことです。ふと、「私、この景色を見たことがある。この先、道が二つに分かれ、それを左の方向に行くはずだ。その道路沿いに、葉の大きい木が、１０本くらい道端の左側にある」。そんなことを口走っていたら、本当に、その通りにバスは、左の方向に進んで行きました。大きい葉っぱの木も並んでいました。

私が、「見たことがある」と云ったのは、それより3年位前に、夢で見たことがあったのです。あまりにも印象深く、記憶に残る光景で、友人にも話したことがある夢だったのです。

そのことを後になって、知花先生に話したら、「それはですね、あなたの魂が先に行って見ておいたのですよ。そんなことは、よくあることなのですよ」。とすると、魂は、旅行に行く3年位前に、現地に行って見ていたということです。３年位前からインドの釈迦聖地への旅することが、魂のレベルで決まっていたと云うことのようです。

第四章　ボリビアツアー

なぜボリビアか？

知花先生から「数人でボリビアに行きたいので、計画を練って、人を集めて下さい」と頼まれました。そのころの私は、よく人が集まってくれるので、「人集めの上手な守護霊」がついているのかと思ったくらいでした。

計画書を作り、希望者を募集したところ、５０万円位の費用なのに、すぐに４０人ほどが集まってしまいました。私には、何か分からないけど、大きな力が働いていたのだろうと思います。

なぜ、ボリビアか？　簡単に云うと、地球の北極と南極を結ぶ軸を、地軸と云います。この地軸に対して、直角に交わっているのが、エネルギーの軸で、気軸と云うのです。以前は、この気軸は、長野県の野辺山と、南米のパラグアイを結ぶラインだったのですが、今は地軸がブレた為に、日本の沖縄と、ボリビアのサンタ・クルスに移動していました。地軸は「形の軸」で、「本当の軸」は気軸で、日本とボリビアなのです。知花先生は沖縄で育ち、ボリビアで生活していたのです。何か大きな意味があるのだろうと思います。今回のツアーは、地球の本当のエネルギーの軸から軸へ行って、帰ってくるためです。

成田から出発です

成田空港に集合して、旅行会社さんから、行程や必要書類、注意事項などの説明や確認を受けた後、一人ひとりにチケットが渡されました。旅行会社は、アンデス・インターナショナルさんで、知花先生の弟さんが社長で、今回のツアーには、社長が同行してくれることになっていました。

みんなにチケットが手渡されたのに、私の分だけ無いのです。今だから言えるのですが、実は、知花社長がバリグ航空と話をして、「3席だけ特別サービスとして、ビジネスクラスにしてもらった」とのことだったのです。その3席は、離れた席に知花社長で、知花先生と私が隣り合わせでした。

私は直ぐに、「これは困る。メンバーの中には体の弱い人もいるので、その人と席を代わる」とゴネ出したら、知花先生が鋭い目つきで、「私が決めたのです。決めた通りにしなさい」と。

今回のツアーの団長的存在が私だったからでしょうか、嬉しさ半分と、「30時間も先生の隣では、息が詰まる」と思ったとたんに、少し息が苦しくなってきました。でも、みんなに知られないようにしてと、覚悟ができました。

ロスで2時間ほど休憩があって、ブラジルのサンパウロで乗り換えをして、サンタ・クルスのビルビル空港に向かう旅程です。

いよいよフライトです

初めて地球の裏側へ行く、それも「エネルギーの軸だ」と思うと、緊張した嬉しさを感じました。

飛び立ったら、直ぐに食事が出てきました。ビジネスクラスのため、お膳が2つも出てきました。どれも美味しく頂きました。食事が終わったら、緊張感もほぐれ、リラックスすることもできました。

知花先生が、色々な話をしてくれるのでした。私も日ごろ思っていることとか、今、その場で考えついたことなどを質問しても、先生は答えてくれました。

やがて質問もなくなり、少し休みました。先生は、私が話しかけなければ、ずっと瞑想をしていたようで、魂は別のところに行っているような感じでした。

また何か質問を考えていたところ、先生から声なき声で、「あなたは、真理に関しては、二度と私に質問するな」と云っているような感じを受けました。それから暫くして、先生が目を開けて、「あなたに言っておくことがあります。あなたは、シャンバラの世界と、過去世には一切の関心を持たないこと」と、厳しい感じのアドバイスをしてくれました。

私は、この時から「真理に関して、二度と質問はしない」ことと、「シャンバラの世界」と、「過去世」の話は避けて、関心を持ちませんでした。この二つの注意は、その後の、私の「真理を学ぶ」ために、とても大切な言葉でした。

サンパウロからボリビアへ

サンパウロ空港では、7〜8時間の待ち合わせがありましたが、あと数時間のフライトだと思うと、かえって元気が出てきました。

ボリビアのビルビル空港に到着しました。税関を通り、空港ビルの外に出た瞬間、きらめくような眩しい青空、カラッとした風当たり、「うぁー、俺、もうダメだ。こんなところで来たら、気持良すぎて、仕事も学びも、何にもしないかも！」などと、わけの分からん事を言い放ってしまいました。それほど、私にとっては、感動する場であり、空間でした。

日本に戻ってきました

ボリビアに10日間位滞在し、色々な体験をして、日本に戻ってきました。

半月程して、ツアーに行ったメンバーが、清里へ集まり、反省会と称して、先生を囲んでボリビアの体験などを話し合いました。先生が、「この度のメンバーは、全て必然的で、偶然に参加したメンバーは一人もいません。一人ひとりの体験は違いますが、必ず大きく役立って行きます」。何人かのメンバーに名指しで、「あなたは、このような体験をしたと思います。隣のあなたは、別のこんな体験ですよ」と。

「重川社長（私のこと）には、世界に目を向けてもらいたかったのです」と云われたその意味が、後で良く分かりました。

こんな話もしてくれました。「このメンバーのほとんどは、成仏（悟り人）したら、金星に帰るでしょう。数人は、土星に帰ります。知花は土星へ帰ります。金星は、愛の星、つまり愛のエネルギーです。土星は、慈悲の星、知恵のエネルギーのことを指しているのです。このことの意味は、ずっと後になって、なんとなく理解することが出来ました。その後も数回、先生と一緒に、ボリビアツアーが行われました。

第五章

清里で毎日、講話を聴く生活

家族全員で学びに入る

知花先生のビデオテープを手に入れ、「すごいもの、すごい宝ものを持って帰るからね」と家に連絡し、急いで帰りました。

「ただいま‥‥」

早速、ビデオを写しました。5分、10分、家族みんなで息をこらえて観ていました。するとと妻の祝子がいきなり、「お父さん、この人本物よ!」と、大きな声で叫ぶのです。みんなビックリしました。

今まで私が、座禅や生長の家とか、数多くの宗教をやってきたのを何一つ反応せずに、ただ心の中で「良くやっているね‥‥」くらいな「声なき声」で言っていた妻が、「この人本物よ!」とは。‥‥そんなこともあり、家族全員が初めから何一つ疑ったことがなく、父と私と妻と子供3人が、何の違和感もなく知花先生の講話に、スッーと入りこんで行ったのです。これって、同じ学びの仲間からみたら「風天さんちは奇蹟だよ。」と言われました。

「奇跡かも?」家族に感謝です。

家族みんなで、知花先生の元で、学びをするために、新潟の会社を辞め、家を売り払い、清里へ引っ越しをして、父と、妻と、長女と、二男と、私の5人で、毎日、知花先生の講話を聴くことを中心にした、生活に入りました。

東京の池袋に小さなマンションを借り、妻と二人で「有限会社　風天」をつくり、生計を立てていましたが、父の年金も、大きな収入源でした。とにかく、みんなで真剣に講話を聴くことだけを、考えていました。

清里役場への健康保険と国民年金が払えず、妻が役場に呼び出され、国民年金は免除、健康保険は1カ月、1か月の更新です。支払いが出来ないと、保険証はもらえないのです。

それでも、明るく楽しく生活できることが出来たのは、まだ実感はしてないものの、「人間は神そのものである」ことを、疑わなかったからだと思います。

本当に良い水は、HO2です

講話を聴くことがマンネリ化したときは、話は聴いているものの、別の事を真剣に考えていることもありました。その頃の私は、「水」に関心がありました。

講話を聴いている途中から、雑念が湧いてきたようです。
・・・日本で一番良い水は、どこの水なんだろうか。二千年前バプテスマのヨハネが、水で洗礼した時の水は、綺麗な石の間を通って来た、透き通った水だったのかなあ・・・などと、イメージしながら、ずっと水のことを考えていました。
そのうちに、講話の終わり頃になり、先生の声が聴こえてきました。

「みなさん、本当に良い水は、ＨＯ２です」

誰かが、「Ｈ２Ｏじゃないのですか」と。

「ＨＯ２です。じゃあ、説明しましょう。日本の国は『みずほの国』です。『みずほ』とは、水と炎（黒板に漢字を書く）のことです。水は水素で、Ｈです。火は、エネルギーで酸素です。炎は火が二つで、つまり酸素が二つで、酸素はＯだから、ＨＯ２になるのです。

みんな、「ええー」っと、声を出しています。私は、これはもしかしたら、私へのメッセージだ。ずっと、「良い水とは何か」を考えていた、私へのメッセージだ。間違いない、と思ったのでした。

それからと云うもの、そのことがずっと頭にあり、寝ても覚めてもじゃないけど、HO2、HO2と、考えていました。

ある日、テーブルにあった、大きめのメモ用紙に、「HO2、HO2、HOO、HOO」と、HO2をHOOと、メモ用紙に、縦に、何気なく書いて、どんどん書いていたら、一番上のHOOと、すぐ下のHOOが、Hが二つとOが一つの集まりで、残りのOが三つで、ひとつの集まりに見えたのです。

「あっ、そうか、HHOと、OOOだ。H2O、つまり水と、Oは、酸素エネルギーだから、水とエネルギーだ」

私はその頃、「バランスのとれたミネラル水が良い水だ」と云う思いがあったのですが、「ミネラルではなく、エネルギー」だったのです。

水にエネルギーを入れる

「水に光を当てると、味が変化する」ことは、実験で分かっていました。「そうだ、光を当てれば良いのだ。光で最高は、虹の七色が一つになれば、白光になる」。太陽の光の中には、七色が入っています。しかし、太陽の光を当てても、水はあまり変化しないのでした。

そこで思いついたのが、「七色のビー玉を水の中に入れ、太陽の光を当てたら、変化するかも」でした。思い立ったら、即実行で、七色のビー玉集めが始まりました。4色までは、見つかったのですが、あとの3色が、昔はあったのですが、顔料が、色によっては毒性があると云うことで、今は作れないことが分かりました。何とか、昔のビー玉がないかと探しましたが、見つけることが出来ませんでした。

「中国は、規制が遅れているので、中国にあるかも知れない」と云うことで、中国に年に何回も行く人に頼んで、探してもらいましたが、一色だけ近い色が見つかり、それはそれで由として、あとの二色は、透明なガラス玉を入れて、自分のイメージで色を作ろうと思いつきました。

何回も、何回も、実験をやりましたが、一色は簡単にイメージできるのですが、2色同時では、なかなか大変なのです。それでも、心を安定させ、気持を集中してイメージした時、一瞬、出来たような思いになり、水の味が、一瞬にして変化したのです。「とりあえず、光で変化したぞ！」

それからは、「どのようにしたら、虹の七色が簡単に使えるのか」を、ずっと考えていました。ある時、「虹の写真」を見ていたら、一度に七色を見ることが出来ることからヒントを得て、「虹をイメージしたら、簡単に七色がつくれる」と思いつきました。「七つの透明なガラス玉を水の中に入れ、光を当てれば、きっと良い水ができる」と。

毎日、毎日、実験の繰り返しです。そのうちに「実験って何なんだろう」などと、意味不明はことを考えたりもしました。

実験とは、一つは「どうなるか分からないから、試してみる」と云う意味と、もう一つは、「こうなるはずだからと、体で感じる、体感する」と云う意味があると思いました。その後の、私の実験の多くは、「こうなるはずだ・・・それを実際に感じる」と云う思いでやっています。「透明な七つのビー玉にイメージで七色を入れ、その七色が一つになり、白光になる」と云う働きを、イメージ（想念）でつくり、その白光（エネルギー）が、水の粒子を小さくして、遂に、「エネルギーのある水」が出来たのです。

私は4月頃、「水は8月8日までに完成するみたいだよ」と、何人かに話をしていました。仲間は、みんなは期待していたようです。

完成したのは、8月6日でした。私は、ボリビアに急に行く用事があったので、完成した水を500MLのペットボトル2本に入れ、飛行機に乗りました。

ボリビアの空港に着いたら、知花先生が、日本からの客を出迎えに到着ロビーにいたのです。私は、バッグから水の入ったペットボトルを取り出し、知花先生に見てもらいました。そのときは、日本時間で8月8日でした。

先生は、この水をじっーと見ていて、「オー、良い水が出来ましたね。この水は原子転換する水ですよ」と云われました。私は、「天にも昇る」心地でした。先生は、「これで満足せず、もっと、もっと、良い水を作りなさい。重川社長、分かるでしょう。爆弾にも、酸素爆弾、水素爆弾と中性子爆弾があるでしょう。その中性子が大切なんですよ！　分かるでしょう」と、私には意味の分からないことを云われましたが、「ハイ」と返事をしてしまいました。

それから数カ月後、清里の先生の家に、少し進化したエネルギー水を持って、先生に見ていただきました。

「先生から教わった水がこんな風になりました」

先生は、「私が教えたのではなく、あなたに天啓がおりたのですよ」

私は、「いいえ、先生から講話の中で教えてもらったのです」と言い張ったら、先生は、「天啓は、色々な方法でおりるのですよ、それはあなたの真理です」と。

私が理解できない顔で、ポカーンとしていたら、先生は、「私がボリビアで、農場や牧場をつくっているのは、私の真理なのです。だから、勇（長男で社長）には、一切、口を出させないのです。その水づくりは、あなたの真理なのです。（・・・私は、その意味がよく分かりませんでした・・・）これで満足せず、もっと、もっと研究して下さい」と。

水活性器「風大和」

初めて売り出した、水活性器です。

一つ一つの働きを、水晶や、ビー玉や、ダイヤモンド、鏡、らせん状に下に落とす右回り、左回りなどの仕組みを作り、その仕組みの中へ、そのイメージ（意識）を入れ込むことが出来るのです。そして、いつまでも同じ働きを安定させるために、固体や形、色々な仕組みを作るのです。それは、今の言葉で云う、「ホールド」をかけるようなものと思って下さい。

安定化させるために良く使うのが、ダイヤモンドです。ダイヤモンドは、硬さと素直さを持っている鉱物だと思っています。「硬い」、「固定する」、「安定する」と云うイメージで使うと、驚くほど安定した働きをする装置になるのです。

水晶は、珪素から出来ています。珪素は、鉱物の中では一番、質料（陰）とエネルギー（陽）のバランスがとれていますので、宇宙エネルギーとか、私たちの意識と繋がり易いのです。意識の入れ方については、後で説明したいと思います。

余談ですが、植物の中で珪素を多く含んでいるのは、スギナです。スギナには、「特技」があって、火山灰などの、全く栄養分の無い、痩せた土地に、一番早く発生するのです。スギナは、空間から葉を通して、宇宙エネルギー（中庸）を吸い込み、根から土の中へ、栄養分（エネルギー）を入れ込む役目をしているのです。だから、中庸の珪素が多く含まれているのです。肥えた土地には、スギナは生えないのです。働く役目が無いからです。

富士山の噴火とＵＦＯ

２０世紀末の少し前頃、私が清里に住んでいた頃、家の前から富士山が見えるのです。夜8時からの講話が終わって帰る9時半ごろ、星が綺麗で、毎日のように星空を眺めていました。昼間見える富士山の頂上辺りに、星がピカピカ輝いているのです。ある時期、曇ってなければ、毎日のように見えたのです。それは、ピカピカ、チカチカと、星なんかじゃなくて、まるで蛍のような、生き物のような、光り方だったのです。

もしかしたら、ＵＦＯじゃないかと思い、知花先生に話をしたら、「それは、間違いなくＵＦＯですよ。富士山が噴火しそうなので、多くのＵＦＯがやって来て、波動調整しているのです。今、噴火すると、横浜や東京辺りまでが、火砕流が流れ、街は火の海になる可能性が大きい。だから、それを調整してくれているのです」と。

それから1週間後位には、あの「ピカピカ」が見えなくなったのです。先生は、「波動調整が終わったようですね」と。

そして、その約1週間後に、雲仙普賢岳が爆発したのでした。私たちは先生に、「富士山のエネルギーが動いたための爆発ですか」と尋ねました。先生は、「そうですよ。日本地図を広げ、富士山と○○島、○○○山と○○○山、定規を使って線を真っ直ぐ描いてご覧なさい」と。

私は早速、線を引いてみたら、雲仙普賢岳で交わるのでした。

オゾン層の修復工事

知花先生は、更に、こんな話もしてくれました。

「今、人類が無知のために、大気圏を汚して、エネルギーをなくしたので、オゾン層に穴があいてしまったのです。そのオゾン層の修復をやっているのが、ＵＦＯなんです。

オゾン層は、地球のオーラであって、大気圏の中を、宇宙空間から来る、強力な紫外線や電磁波など有害物質から、地球を守っているのです。その修復を、他の惑星から来て、やってくれているのです。感謝しなければなりませんね」

風天流　水の研究

高輪3丁目の交差点の角に鉄骨のアパートがありました。友人の事務所だったのですが、私が間借りして、3分の2位を使っていました。

私の作った水が、変化しているかどうかは、すべて体感でした。味や匂い、肌につけた時の感触、めだかや金魚を飼ったり、植物を育ててみたり、お風呂に入れてみたり、さまざまな方法で確かめました。特に最初の頃は、水道水との比較で、判断していました。

1カ行月くらい過ぎたころ、作った水が何回試しても、水道水と変わらないのです。そこへ友人のHさんが来たので、作った水と水道水の両方を飲んでもらって、その「違い」を味わってもらったのです。両方飲んで、「うーん、あまり変わりませんねえ」と。私もがっかりしながら、「そうですねえ」と。

ところが、Hさんが、「でもこの水道水、ちょっと可笑しいと思いますよ。塩素の臭いもほとんどないし、味も甘くて美味しいですよ。これ、普通の水道水じゃないですよ」と、不思議そうにコップに入った水を眺めるのでした。

そうか、もしかしたら水を作る装置から出ている光やエネルギーが、直接、水道管に入り、その水道管のエネルギーが変化して、中を通る水も変化したのか・・・とにかく、調子良く考えるのが私の癖です。

そこで、隣の花屋さんから、水道水をもらってきました。早速、その水道水を調べてみたところ、味わい、臭い、肌触りが、この研究室の水道水と全く違ったのです。この研究室の水道水は、肌につけるとスベスベになります。「研究室の水道管が変わったんだ、水道水が変わったんだ。これは、すごいぞ」と、二人で大喜びしました。

お風呂の垢だらけの水

そのうちに、「水の研究家」や、「バイオの博士」が、私の研究室に遊びに来てくれるようになりました。私はてっきり、「守護霊が入れ換わったのかな」と、勝手に思いました。

こんな実験もしました。お風呂に、２４時間温まる装置を取り付け、毎日、湯船の中で、石鹸なしで体を洗い、一カ月くらい水を換えないのです。そして毎日、作った水をバケツ一杯くらい湯船に補充するのですが、ずいぶん濁ってきて、垢も浮いています。でも、臭いがしないので、毎日続けているのです。お風呂からあがるときは、シャワーで体を流します。

ある日、その風呂の濁った水を、ペットボトルに入れて、空気が入らないように、フタをしっかり締めたのと、空気は入るがゴミは入らないように、フタを乗っける程度にしたのと、２種類作り、日付を書いた紙を貼って、ベランダに全部で１０本くらい並べました。太陽の陽射しに直接触れたり、風に吹かれたりしていました。

毎日、変化を観察していました。１週目が過ぎ、２週目、３週目、何と、あの濁った、垢だらけの水が、次第に澄んで、綺麗になってくるではありませんか。１カ月が過ぎた頃には、本当にピカピカに光っているのです。フタをしっかり締めたボトルと、乗っける程度にしたボトルの、どちらもピカピカの水になっているのでした。

丁度、「バイオの先生」が遊びに来たので、ピカピカになった「お風呂の水」を見てもらいました。手にとって眺めて見たり、ボトルを持ち上げて、青空に透かして見たりしています。すると、「コップを貸してください」と言うのです。コップを手渡すと、ボトルの水を少し注いで、口をつけようとするのです。私は、「垢がいっぱい入っているのですよ。私の垢が！

「バイオの先生」は、「何も入れないで一カ月で、こんなきれいになった水は、大丈夫ですよ」と、コップの水を味わいました。「これは、とっても甘い水だね。これだけ光って、臭いもなければ、飲んでも大丈夫ですよ」と。私も一寸飲んでみたら、とっても甘く、まろやかで、美味しいのです。

それからというものは、私はその水をきれいな瓶に移し替えて、ベランダに並べておいて、誰かが来るたびに、私が先に飲んで、黙ってその水を差しだしました。そして、みんなが飲んだ後に、「実は、私の垢がいっぱい入った、お風呂の水だったのです」と、「種明かし」をするのです。そんな「悪い遊び」にハマりました。

でも、水は腐らないで、太陽の光にあたっていると、益々、光り輝き、美味しくなっていました。しかし、その頃は、「どうしてこうなるのか」のメカニズムは、分かりませんでした。スリーエムという会社から出ている、「雑菌テストフィルム」を買って来て、そのテストフィルムに、数滴、お風呂の水を垂らし、４０℃位のお風呂のフタの上に置き、２４時間後に見るのですが、フィルム一面に赤くなり、大量の雑菌が発生しているのが分かります。そんなお風呂の水が、綺麗に光出すのは、誰にも分かりませんでした。

天水と地水　金魚と植物にテスト依頼

小さな水槽を２つ買ってきて、それぞれの水槽に、天水と地水を入れました。「風大和」と云う水活性器は、直径一五センチ、高さ三〇センチ位の、アクリルで出来た筒状の装置です。中が透明で、入った水がグルグル動くのが見えるのです。筒の外側には、１つスイッチが付いていて、上と下に動いて、カチカチと切り替わるのです。

線は繋がっていないのですが、スイッチを上にカチッとした時に、出る水が「天水」で、下にカチッとした時に、出る水が「地水」です。筒状のタンクの中に入っている時は、同じ一つの水なのですが、上にカチッと、下にカチッとで、出てくる水の味が変わるのです。「天水」は、コーヒーやお酒に入れると、味がまろやかになり、「地水」は、コーヒーやお酒に入れると、味が濃くなり、香りも濃くなります。

さて、2つの水槽それぞれに「天水」と、「地水」を入れます。メダカと金魚を、両方の水槽に入れます。塩素試薬紙で調べますと、どちらの水槽にも塩素は、しっかり入っていました。でも、メダカも金魚も死なないのです。

2つの水槽で、一か月位すると、「天水」の水槽の金魚の色は、赤みが次第に薄くなってきて、「地水」の金魚の色は、赤みが次第に濃くなってきているのがハッキリ判ります。そして、どちらも、酸素のブクブクも無いのに、ずっーと、元気に泳いでいるのです。

植物については、「天水」をやると元気ですが、目立った変化は見られません。「地水」をやり続けると、葉っぱの色が濃くなり、肉厚になってくるのです。一年も二年も育てている観葉植物の葉は、とがった葉っぱが、新芽が出るたびに、少しずつ丸みが出てくるのです。

こうして、色々と試してみると、天水（陽）と、地水（陰）の働きも、少しずつですが、想像がつくようになりました。

「地水」で、濃い赤色になった金魚は、「天水」に入れると元の色に戻ります。「天水」で、色が薄くなって、普通の魚のような色になった金魚は、「地水」に入れると、少しずつ、赤くなってきます。金魚の色のコントロールが、自由自在に出来るのです

メダカに関しては、小さい囲いを作ってやると、メダカは、すぐ卵を産むのです。それも、休む暇もなく、卵をうみ続け、しかも、ちゃんと「ふ化」するのです。

その頃、東京のマンションに住んでいる、知人の伊東さんから電話があり、「花屋さんで、バジルの植木を買ってきたのだけど、油虫がいっぱいついて大変なの、何か良い水ないのですか？」と。早速、作ってあげました。そして、その水を一〇〇倍に薄め、バジルにかけたところ、二日くらいで、油虫はいなくなり、まずはメデタシ。ところが、その水を毎日、バジルに撒いたところ、「一週間で葉っぱが三倍くらいに大きくなった」と、写真を送ってくれました。また、正月咲いていたシクラメンが、今は花はなくなり、葉っぱも数少な

くなって、「やっと生きている」状態の鉢に水をかけつづけたら、真夏なのに花が咲いてきたので、これもビックリでした。・・・「そうか、植物にも『すごい働き』をする」ことが分かり、農業にも使って行くきっかけになりました。

その頃、知花先生がその水を少し実験してくれました。1カ月ほどして先生から電話がありました。

「冷蔵庫に天水と地水を並べて入れておいたら、地水だけが氷ってしまうのです。一旦融かして位置を入れ替えても、やはり地水だけが氷るのです。3回くらい繰り返しテストしたので間違いありません。結果は分かったのですが、応用はこれからの研究です」

ボリビアで農業体験

「風大和」の水活性装置で作った水が、農業に「良く働く」ことが分かり、私の心は弾んでいました。

「全て、陰と陽で、エネルギーが発生するんだ・・・日本は天照大神で陽だし、ボリビアはインカ帝国（陰日）で陰になっているし、日本とボリビアで農業実験をして、本当に農業に良い水を研究してみよう」と、始まりました。植物が、暑さに強く、寒さにも強く、大きく成長するようなエネルギーの水が出来たら、万能の農業水になるはずだ。暑さに関しては、ボリビアのサンタ・クルス、日中の気温が４５℃位まで上がります。寒さに関しては、標高８００～９００メートルの清里か長坂あたりでやれそうです。…そんな、荒っぽい考えでスタートしたのです。

ボリビア半分移住スタイル

「貯金０、借金０、食べていけて、知花先生の学びができて、瞑想ができて、好きな研究ができればいい」と云う考えでした。友人が、サンタ・クルスで三千坪の土地を買い、２００坪位の建物をつくりました。

サンタ・クルスの街には、水道がありますが、郊外はみんな、井戸を掘って地下水を汲み上げ、軽く浄水して生活用水として使っています。敷地のどこに井戸を掘るか、私が２

本の太い針金を持って、ダウジングして水脈を見つけました。まああの良い水が出てきたと思います。後で地元の人に聞いたのですが、「どこを掘っても同じ」みたいなことを言われました。

井戸の水をポンプで汲み上げて、敷地内や建物へ配管して、水道と同じように使うのです。飲料水と食事に使う水だけは、日本から持ってきた浄水器を通して使います。でも、水に石灰分が多くて、すぐに詰まってしまうのです。すこし広めのお風呂をつくり、電気の24時間風呂を付けたのですが、熱を出す部分に石灰が付着し、石みたいに硬く固まり、1週間もすると使えなくなる状態でした。

風天のつくった水活性器「風大和」を2台持ち込み、1台はポンプ小屋に据え付けて、汲みあげた水の一部を水活性器に通して、エネルギーを入れます。井戸には、直径一〇センチ程の筒が水のあるところまで入っています。筒の中には、水を吸い上げる為の「塩ビの水道管」が入っています。筒の隙間から、エネルギーの入った水を常時、地下の自然の水タンクの中に、落し入れるのです。その自然のタンクの中で、五千倍～一万倍位の倍率で、地下の水にエネルギーが入って行くのです。

そして、エネルギーが入った井戸からくみ上げた水は、シャワーや２４時間風呂の熱の部分には、石灰は付着するのですが、硬くならないのです。手やスポンジで簡単にお掃除ができるのです。水の中にある石灰が、塊としては集まるのですが、硬くはならない、柔らかいと云う現象が起きたのです。他にも、「ある仮説」をたてて、試してみたら、７０パーセント位は成功しました。それは水の性質が、大きく活性化した証しとなりました。

街の水道水でも、多少は石灰が入っているため、ヤカンや鍋には、石灰がカチンカチンに固まり、取るのが大変なのです。水活性器「風大和」で作った水の入った井戸水は、石灰は少しだけ周りに付きますが、スポンジで簡単に取れるので、大助かりです。

ボリビアは、そんなアルカリの石灰の入った水のため、胆石や、腎臓結石や、尿道結石になる人が、大変多いのです。でも、私たちは「石灰は入っているが、固まらないので結石にはならない」との勝手な解釈で、ガブガブ水を飲みました。

敷地内の土壌造り

三千坪の敷地の周囲に、煉瓦で塀を造りました。家を2棟建て、小屋も建てました。田んぼや畑をつくり、野菜やコメを栽培し、池をつくり、魚を入れて釣りをしたり、水草花を育てたりしました。犬を2匹、ニワトリを10羽。果実の木は、バナナやマンゴ、オレンジやパッションフルーツを、楽しみながら育てました。

さて農業の件ですが、ここサンタ・クルスは、標高400メートルで、四方八方に地平線が見えるような広い台地にあります。土は赤い粘土で、雨が降るとグニャグニャして、流れ出すのです。逆に乾くと、カチンカチンになる、癖の悪い、やせた土地です。庭に生えている草は、どれも針金のような、細くて硬くてとがった芝です。そんな芝を、1年かかりましたが、柔らかい芝になり、赤い土の畑も、黒い土に変わり、日本から持って来た大量の種（タネ屋さんからいらないものをもらいました）を撒き、自分たちで食べる分だけ作るのですが、立派な野菜が出来るようになりました。

ポンプで水を汲み上げているため、安い電気料金で、いくらでも水が使えるのです。地下の中でエネルギー水に変わった水を、毎日ホースで敷地内に撒くのです。自動の散水機をいっぱい用意して、雨が降らなければ、毎日、24時間撒いていました。そして、家の周りだけは散水機を使わずに、丁寧に私たちが撒くのです。時間があれば、ほとんどいつも水を撒いていました。ホースの先の散水器から、霧状になった水が出て、きれいな虹が見えるのです。1カ月、2カ月と、日が経つにつれて、土の色と質が変わってくるのです。ほぼ1年で、部分的ですが、良い土壌が出来たように思います。針金のような芝が、柔らかい芝草に変わり、現地の花はもちろん、日本の花も育てました。みんな良く、育ってくれました。

畑には、ゴミや牛糞などで堆肥をつくり、化学肥料も少し使いました。トマトやキュウリ、茄子やインゲン豆、小松菜、大根、芋など、少量ずつですが、まあまあ美味しい野菜が採れたと思っています。

1年位は、虫に食べられ、虫のエサ作りでした。1年半を過ぎて、2年近くなった頃、畑に虫はいますが、野菜を食べないのです。現地で野菜作りをやっている日本人が遊びに来ると、必ずと云っていい程、畑の野菜を見ます。本当は、野菜を見るのではなく、野菜の虫を見るのです。虫に食べられていないので、「どんな農薬を使っているのか?」と質問されます。「何も使っていない」と云うと、また畑に見に行くのです。

敷地内に蚊がいなくなった

サンタ・クルスに住んでいる私たちに、大変なことが起きていました。

ボリビアは空気が澄みきっています。空気の中に、ホコリやCO2、邪気(人の出す想念波動で、恨み、妬み、僻み、嫉妬や物欲などの偏った荒々しい波動)が無いことと、周囲に明かりが少ないため、星空がきれいで、天の川や星が間近に見えるのです。「手が届きそうだ」と表現していました。

夜、天上を見上げ、柔らかい芝生の上に寝転がって、星を眺めていると、「星が何かをささやいている」、「星が落ちてくる」ような、ちょっぴりロマンチックな気分になるのですが、でもそれは、最初の５分位で、その後は、大変なことになります。

それは、蚊です。自然環境の中は、蚊や虫の住まいだと云うことです。

ボリビアの蚊は、とても大きくて、日本の蚊の倍以上の大きさで、ぶ厚いジーパンの上からでも刺します。刺されると、かゆみよりも、痛いのです。とにかく痛いのです。近くの日本人の家に遊びに行くと、家には網戸がしてありますが、車から家に入るまでのごく短い時間に蚊に刺されるくらい、蚊が待ち伏せしているのです。

ところが、私たちの住んでいる、「アイアムの郷」では、水が変わり、土が変わり、空気が変わると、蚊が１匹もいなくなったのです。野菜も虫が食べなくなったのです。見えない波動（エネルギー）が変われば、周囲がこれほど大きく変化するという体験をすることができました。

日本から持って来た、寒い地方でしか育たない「大根の種」も撒きましたが、ボリビアの４０℃もする暑さの中で、普通に育ってくれました。日本の花は、ほとんどがきれいな花を咲かせ、私たちを楽しませてくれました。

第六章　太陽と自然

太陽に遊んでもらう

子供の頃から、太陽が好きでした。

特に朝日が好きで、きれいな朝日を見るとつい手を合わせていたようです。いや、手を合わせずにはいられなかったようです。ときどき近所のおばさんから、「いい子だねえ～」と云われると、気分よく、うれしかったことを覚えています。２０代、３０代も、ずっ～と、朝日を見ることが好きでした。

寒い季節、ガラス越しの日当たりの暖かさは、とても幸せを感じました。また、太陽に干した洗濯物を取り入れると、甘い香りがするような思いです。私は、その乾いたシャツや、下着、タオルなどを丁寧にたたむのが、とても好きなのです。そのときは、なぜが必ず正座をしてたたんでいるのです。もしかしたら、太陽に感謝する気持ちの現れかも知れません。

３５才の時に、朝日の見える土地を手に入れ、そこに家を建て、毎日、窓から朝日を見て、軽く合掌するのが日課でした。ところが3年後、我が家の東側には、家が建てられない土地のはずだったのに、家が建ってしまいました。それからは、家から10m位離れた場所へ、毎朝、ゴザと毛布を用意して、朝日と戯れるようになりました。ゴザを敷いて、あぐらをかいて、膝に毛布をかけ、軽く目を閉じて朝日が出るのを待っているのです。

何年もやっていると、じっと目を閉じていても、朝日の出る瞬間がハッキリと分かるのです。山あいから一本の光の矢が、私をめがけて飛んできてくれるのは、とても神秘的でした。朝日が、しっかり生きている。太陽の周りにある雲も、一瞬、一瞬変化しながら「生きているぞ」と主張している。空気までも、冷たかったり、暖かかったり、さわやかだったり、やわらかかったり、しっかり主張している。「見えない空気も生きているのだ・・・。見えるもの、見えないもの、みんな生きているのだ・・・」という感覚になることができました。

ある朝、いつも通りゴザを敷いて毛布を肩と膝にかけ、朝日の出るのを待っていました。雲が出てきました。いつもなら、「これくらいの雲なら、すぐに消える」と思うと、雲が少しずつ動いて、薄くなって消えてしまうのですが、この日は、逆にどんどん雲が厚くなってきました。「今日は、なんかいつもと違うなあ」と思いながら、朝日を見るのを断念して家に入りました。やることもないので、少し早いが会社に行くことにして、車に乗り、車庫から一歩出たとたん、すごい朝日が出ているのです。思わず、車の外に出て、目を閉じて合掌してしまいました。

目を開けたら、朝日の斜め右上に、プラチナ色に輝く「七つの丸い点」が、三角形を描いて現れているのです。その大きさは、朝日と同じくらいでした。合掌したまま見ていたら、ゆっくりと斜め右上に昇って行くのです。ある程度の高さになると、パッと消えて、また元の位置に現れ、同じように昇って行くのです。目を閉じても、開けても、見えるのです。

私は、「大変なものを見てしまった」と思いながら、その図形を目を閉じたり、開けたりしながらしばらくの間、見ていました。とにかく、「大変なものを見てしまった」という感じでした。会社に向かう途中も、会社に着いてからも、さっき見た図形のことで頭がいっぱいで、全く何も手がつけられませんでした。

当時、ワンマン社長だった私は、早速その図形を社章にし、名刺や会社案内に印刷して、「誰か、この図形は何かを知っている人はいないのか?」と、2年間くらい探しました。

そんなある日、ある霊能者と出会い、「それはUFOが編隊を組んで飛んでいる時の形で、真ん中に遠く離れた母船が小さく見えたはずだ」と言うのです。本当かどうか分かりませんが、はじめてこの図形を説明する人が現れました。不思議なことに、その次の日、別の霊能者に会い、「それはUFOの編隊だ」と、同じことを言われたのです。前日の人は、「真ん中の中心点は母船です」、2人目の人は「真ん中の中心点は母船ではなく、あなた自身のことだから、見えても見えなくてもよい」などと、わけの分からないことを言われました。

「この図形の本当の意味は、何なんだろう」と、ますます関心を持つようになりました。

この図形を見たときのことを思い出しては、「本当に何なんだろう」。目を開けても、目を閉じても同じものが見える、それは「私の心の中にあるものなんだろうか」とも、思っていました。この図形の意味は、その後、私の「潜在意識」から出てきました。

その後もずっと、太陽には遊んでもらっていました。私が40才、次男の拓郎が4才のとき、拓郎が補助車のついた自転車で、私は婦人用の軽い自転車で、散歩気分で、自動車の通らない道路で、気分良く、よっぱらいのマネをして、蛇行運転をして遊んでいたら、太陽が私をめがけて近づいてくるのです。私は、ころびそうな格好で、斜めになった自転車を支えているのです。すると太陽は、私のすぐ近くまで来て、私に話しかけるのです。「わたし（太陽）は、善人、悪人、動物、植物、鉱物、全てに平等に一秒も休まず、光を与え続けている」と、太陽から聞こえたのか、私の心の中から聞こえたのかはよく分かりませんが、ハッキリ聞こえたのです。

そのメッセージは、私の心の中でしっかり安定し、７０才になる今も、私を監視して、見守ってくれているような思いです。

４６〜４７歳の頃、砂漠で撮影された一枚の「太陽の写真」に出会って、その写真の虜になってしまいました。朝日か夕日か分かりませんが、全てを輝かしながら、ゆっくりと燃えているような写真です。その写真の版権を、数十万円で買うことができました。その写真に、私は図形や、水晶、ダイヤモンドなど7種類の波動を組み合せて「太陽の額」をつくり、大人気でした。

その後、知花先生と出会うことになるのですが、知花先生は「これは、心が休まるから〝やすらぎ〟という名前にした方が、より効果が上がりますよ」と言うことで、〝やすらぎ〟という名前をつけて下さいました。その数カ月後のある朝、知花先生は私を呼んで、「太陽の額が成人してきたので、お嫁さんを欲しがっていますよ」と、わけのわからない話を言われました。「太陽は男性原理（陽）ですよ。陰の女性原理、月の額があれば、陰と陽で更にパワーアップしますよ」ということでした。

早速、満月の写真を撮り、「月の額」をつくりました。「太陽の額」のお嫁さんにあたる「月の額」は、私が「かぐや姫」と名付け、「やすらぎ」とセットで、日本国中に広がりました。それから20年後、「やすらぎ」と「かぐや姫」の力を、更に高い波動にするために、額の仕組みを一新してつくったのが、今、商品として出している「心太陽と大和月」のセットで、愛のエネルギーをつくり出しています。

太陽の表面温度は25℃?

今の科学の定説では、「太陽が超高温で燃えて、光と熱を太陽系に放射、当然、地球にも届いているので、その光と熱のエネルギーで全ての生物は生かされている」……実は、太陽の温度は25℃以下なのです。熱はないのです。熱は地球の中にある、真っ赤に燃えているマグマの熱が地表から放射されているのです。空間にある熱が、太陽の光に触れると一緒になって地上へ降りてくるのです。だから地表が一番温かいのです。太陽に近い高い山、ヒマラヤなどは熱がなく、寒いため一年中雪や氷で覆われているのです。

その太陽の光も、太陽が燃えてつくり出しているのではなく、アクエリアス(全て一つと云う、統合の波動の水瓶座)からの光を受けて反射して、太陽系に放射していると言うのです。ちょうど「月の明かり」のようなものですよ。今の科学者は気づいている人もいるようですが、そんなことを発表すると、「頭が狂っている」と言われ、研究や仕事が出来なくなるため、あえてその件については、一切触れないでいるようです。早く本当のことが自由に言えるときが来るといいですね。

火山の小噴火は大歓迎

知花先生は、よく言っていました。

「これから地震や、火山の噴火などが多くなると思います。地球の中には、外に出たがっているエネルギーやガスがいっぱい溜まっているのです。小さな地震が多く起きれば起きるほど、大きな地震の発生の可能性は小さくなります。その理由は、簡単です。これらの地震は、すべてガス抜きのようなものです」

私、風天が思うには、知花先生は、天（原因の世界）から観て言っているのです。政府や東大の地震研究の先生方は、地（結果・現れた世界）から見ているので、「アベコベ」になることがほとんどです。地震研究の先生方は、過去の地震発生のデータを分析して、それに基づいて、「３０年以内に７０％の可能性」などと言っていますが、何万年前、何億年前の地球と、今の地球の中のマグマなどは、全く変わっているのです。「現れた結果のデータ」は、分析するようなものではないと、思います。

地球は活動期が終わり、「聖なる星」に生まれ変わろうとしていると、云われています。

地球のできた頃は、岩石とマグマで爆発をくり返して、何億年が過ぎ、ガスが発生し、水素や酸素ができて、水ができて、植物ができて、動物ができました。

今は、海水でおおわれた「水の惑星」ですが、これからは、「エネルギーの星」、「聖なる光の星」に生まれ変わろうとしているときです。それで、「地球の次元上昇」という言葉ができているのです。地球には、大昔のような大地震の起きる可能性は少ないと思います。

自然の中の動物

みんなが信じているのか、信じていないのか、分かりませんが、火山の噴火や地震が来る前に、山に住んでいる動物や鳥たちは、みんな逃げていなくなっていると、云われています。台風や嵐が来る時も、同じように逃げていなくなっている。

火山や地震は、わずかな微振動を感じて分かるのかも知れない。台風は、気圧の変化を感じて分かるのかも知れない。では、山火事はどうなのでしょう。山火事の起きる前に、動物たちはみんな逃げてしまうと云われています。それは、なぜなのでしょう。

私は新潟の田舎育ちです。子供の頃、魚を釣ったり、イナゴを捕まえて遊んでいました。カエルや小魚を食べている肉食のモズと云う鳥がいます。モズは秋深くなると、カエルや小魚を捕まえて、細い木の枝を折って、その先へ串刺しにして、干し魚つくって、冬の食べ物をたくわえておきます。それをモズの「餌刺し」と云います。低いところに刺してある年は、積雪が少ないのです。高いところに刺してある年は、大雪になるのです。

子供の頃は、毎年、それを見ているので、「今年は雪が少ないぞ」、「今年は大雪になるぞ」と、分かるのです。それが、ほぼ確実に当たるのです。動物や、小鳥や、ナマズなどの予知能力は、人間には無いのか、真剣に考えたことがあります。


人間も心静かにする時を多くつくれば、わかるはずです。人間は毎日、忙しいのです。ビジネスだ、金儲けだと、頭と心の休まる時間はないのです。

人間は「万物の霊長」ですから、みんなで「静かな時間」を多くつくることが、正常、自然なのではないでしょうか。

第七章　サイババ先生と知花先生

物質化現象を見せるサイババ先生

知花先生は、インドのサイババ先生のことを時々、口にしていました。

「サイババ先生は、まだ精神文明を体験していない地球人を指導するために、地球へ来た覚者です。まだ輪廻転生の数の少ない人たちに、神の存在、神が居ることを伝える役目で、インドに現れたのです。神を知らない人たちには、話よりも奇跡を見せることで、神の存在を知ってもらう、その方法として、『物質化現象』や『病気を癒す』など、なるべく大勢の前で行っているのです。だから、世界中から多くの人が集まってくるのです」

「私、知花は、輪廻転生を数多く体験した人が集まっている日本で、講話を行っているのです。

前世は、中国人や朝鮮人、白人、黒人、インディアンなど、すべての人種を体験した、魂の高くなった人が今、日本人として生まれてきているのです。本人が『その気』になれば、いつでも悟れるような人を対象に、講話を行っているのです。

見える存在も、見えない存在も、全ては神なのだと、あなた自身が神そのものなのだ、と云うことを理解し、実感するための道案内人として、地球へ来たのです」

一時期、札幌から多くの人が、清里へ来たことがありました。

札幌から大勢の人が、インドのサイババ先生のところへ行っていたようです。ある時、その内の数人がサイババ先生に招かれ、ネックレスやブローチ、ブレスレットを物質化現象で、目の前で出していただきました。

サイババ先生が、「どこから来たのですか」

「はい、日本から来ました」

すると、サイババ先生は、「日本には知花先生がいるでしょう。わざわざインドまで来る必要はないでしょう」と、云われたそうです。

それで、知花先生の存在を知り、日本に帰り、グループで清里へ来たのだそうです。

サイババ先生は物質化現象など、奇跡を見せるので話題になり、世界中で、日本国中で、サイババ先生の名前を多くの人が知っていました。それに比べると、知花先生を知っている人は、本当に少なかったと思います。

ある時、私たち数人が冗談半分、本気半分で、「物質化現象が見たい」とか、「ＵＦＯが見たいので、先生、見せてくれませんか……」

知花先生は、まじめな顔で、「本当に見せてもいいのですか？……その話が、口コミで広がり、全国から、世界中から、もの珍しい奇跡を見たいために、清里へ集まって来るでしょう。真理を学ぶために来ているみなさんの、入るところがなくなってしまうのは必然ですよ！それでもいいのですか？」

私たちはみんなで、「すみません、ごめんなさい、物質化現象は見せないでください……知花先生……」

「そうでしょう。いずれ、みなさんも出来るようになるのですよ。しっかり瞑想してください」

こんなことも、してしまいました。

仲間数人で、東京の渋谷公会堂などで、知花先生の講演会に、少し知名度のある講師を招いて、知花先生とのジョイント講演会を開催していました。

ある人が、「サイババ先生を招いて、知花先生との覚者講演会だったら、まちがいなく、人は溢れるほど集まりますぞ‥‥」

予定は未定、考えたり、企画するのに、お金がかからないなど、都合のいい話で、東京ドームに、「もし使用するとしたら、いくらかかるのか」、参考までに聞きに行きました。仲間の中で、お金に余裕のある人が数人いたため、「経費的には可能性がある、入場料もある程度‥‥」

「サイババ先生のところに行って、日本に来てくださいと話をしてこよう」と、知花先生に話したら、

知花先生は、「サイババ先生は来ませんよ」

「でも、当たってみなければわからない‥‥」

「じゃあ、行ったらいいですよ。インドへ行くのだったら、サイババ先生にしっかり会っ

てくればいいですよ。でも、会ってくれるかどうかは、サイババ先生が決めるのだから・・・でも、準備というものもあるでしょう」

「何を準備したらいいのですか・・・」

「四国の女子短大に○○先生、教授がいます。その先生に会ってきたらいいですよ。○○先生は、インドの大学の教授でもあり、サイババ先生の側近でもある人と親しくしています。その先生に紹介をもらって行った方がいいですよ・・・」

早速、四国へ。○○教授にお会いさせて頂いて、事情を話したら、快く対応してくれました。

「インドの△△教授に、紹介状を送っておきます」

よし、準備も出来た。清里へよく来ている航空会社の部長にお願いして、英語で「来日の要請書、お願い書」をつくってもらい、清里にある会社の部長と、私の二人で、1か月後にインドへ出発しました。

日本にも数回来たことのあるインド人のガイドさんが、現地で合流してくれました。

早速、△△教授を訪ねました。お土産として、私がつくり販売していた、名刺大の「太陽と月の写真カード」を持っていきました。それは、プラスチックカバーで囲み、写真の中心に水晶やダイヤモンド、図形を入れ、きれいに仕上げた、太陽（やすらぎ）と、月（かぐや姫）です。

△△教授にそれを差し上げた次の日、教授から呼び出しがあり、「何か良いしらせか？」と思って、急いで行ったら、

「太陽と月のカードから、あまりにも良いエネルギーが出ているので、自分の息子たちにも持たせたいので、もう何セットかありませんか……」

私は、多めに用意しておいたので、喜んで差し上げました。

「ところで、サイババ先生にはどのようにして、尋ねたらいいのですか」

「先生は全てお見通しですから、毎日の集まりの時に、あなたの方へ進んできますから、その時に（来日要請書を）お渡しするのが一番いいと思います。もし、それが出来なかったら、私が準備します」

次の日、「毎日の集まり」で、私は「来日要請書」と、「太陽と月のカード」を封筒に入

れ用意していたら、スーッと、私の方へ来てくれたのでした。サイババ先生の目が、やさしく光っていました。封筒を差し出すと、ほほ笑むような感じで、受け取ってくれました。

知花先生には、「やさしさと、厳しさ」を感じていましたが、サイババ先生は、「やさしさと、やさしさの母性愛」のような感じでした。

数日滞在して、日本に戻ってきました。

一週間程が過ぎ、私が朝、瞑想していたところ、サイババ先生が出てきたのです。日本語で私に語りかけるのです。

「日本へ行くか、行かないかは、知花先生と相談します」

私は直ぐに、そのことを知花先生に伝えました。

知花先生は、「そうですか、しばらくお会いしてないから、今晩にでも会ってみます・・」

知花先生から連絡があり、

「サイババ先生と会いました。重川さん、いつ清里に来ますか?」

私は、「すぐに行きます!」

清里で知花先生に会い、結論としては、「今は無理です。理由としては、オウム真理教の人たちが、何をやらかすのか分からないので、今、日本に行ったら、格好の的になるでしょう。それが落ち着くまでは、行けません。その時が来たら、また考えましょう」という結論でした。

事実は定かではありませんが、私があまりにも無頓着で行動するので、私をやさしくなぐさめてくれたのかも、知れません。サイババ先生、知花先生に、ご迷惑をおかけした思いです。

第八章

瞑想と意識エネルギー

迷走20年、瞑想20年

私は、20代の終わりごろから、瞑想に興味を持ちはじめました。瞑想と云う言葉にひかれるのです。色々の瞑想指導に顔を出し、お金も使いました。真剣に瞑想に取り組みました。知花先生に出会って、初めて「本当の瞑想」を知りました。20年間の真剣勝負は、まさに迷走だったと云うことが分かりました。

瞑想とは、全てのものをつくり出している、一番初めの原因の世界、見えるものも、見えないものも、全ては一つのエネルギーがつくり出している。そのエネルギーを観ること、意識することなのです。

姿、形のあるものは、そのエネルギーがつくり出した、一時的映像であって、それは実在ではないのです。常在ではなく、無常在なのです。まぼろしなのです。常在なのは、見えない力やエネルギーで、全宇宙に遍満してあるのです。そのエネルギーは、不変（変わらない）で、無限（制限のない）のエネルギーなのです。それは、無限の働きで、全知全能の宇宙エネルギーなのです。とにかく見えないものは、全て一つの力、エネルギーなのです。

その見えない力を、肩の力を抜いて、リラックスして、集中して、観つづけるのが瞑想です。

チャクラが振動をおこす

ヘタクソながらも、毎日、毎日、続けていると身体にも変化がおきてきます。瞑想に集中できた時、初めは頭のてっぺんが「ムズムズ」で、それが何回か続きました。次に、「ムズムズ」から、「ダッ、ダッ、ダッ」と振動しはじめました。素直にその「ダッ、ダッ、ダッ」を受け入れていると、頭のてっぺんが、上下に激しくゆれるのです。話に聞いていた、「チャクラが開く」のだなあと、思いました。

その数週間後、今度は、心臓のハートセンターが、前後に振動し、体中がゆれるようになるのです。その後、眉間と、喉のところが、軽振動でしたが、たぶん「チャクラが開く現象」なんだろうと思っています。

とにかく、毎日、瞑想することが、健康と幸せの秘訣だろうと思っています。

エネルギーグッズの研究

清里で設立した「有限会社　東日」は、少しずつですが、知花先生の東京講演や、ボリビアでの活動を実施していました。

知花先生が「商品開発をする」と、約束をしてくれたのですが、設立してから数カ月が過ぎても、ずっと待っていたのですが、出てきません。開発している様子もありませんでした。

私は、「先生、エネルギーグッズを開発して、出来るのはいつ頃ですか？」と、聞きました。

先生は、「私は、そんな約束はしていません」

私が、「えっ、ウソでしょう。先生、約束してくれましたよ。みんなの前で」

すると先生は、「私は、開発する役目ではありません。あなたがつくりなさい！」

私は、それはないでしょう…と、云いたいのですが、先生は神意識の存在ですから…

「わかりました」と、もう、ショボショボでした。

後日、先生の言葉を思い出していました。……あなたがつくりなさい。あなたがつくりなさい……もしかして、HO2と同じように、啓示かも知れないと、そう思うと、急に、ニコニコ顔になり、「よーし、エネルギーグッズをつくるぞ！」と、自分に言い聞かせ、ルンルン気分で研究することにしました。

想念は実現の母

少し前の話です。清里で先生の講話を聴きながら、「物質化現象」のことを思っていました。

知花先生の話では、「いずれ、あなたたちも物質化現象を行うことになるのですよ。現に今、あなたたちの体の中では、物質化現象が行われているのですよ。今朝食べた、ごはんやおかずが、体の中で血や肉やエネルギーに変わっているでしょう。これが原子転換ですよ。植物なんかも、水と栄養分を葉っぱにしたり、おいしい実にしたりしているのも、全て物質化現象みたいなものですよ」と。私は、・・・空気（質料とエネルギー）から、どんな風にして物質化するのかなあ・・・と、サイババ先生のことを思っていました。

講話が終わりました。先生が、一呼吸おいて、「物質化現象とは、イメージ力とバイブレーションですよ！」と。あっ、私へのメッセージだと、すぐ分りました。

「想念は実現の母」と云うタイトルの講話の中で、「全て１００％、まず想念からはじまり、想念は必ず実現する」と云う内容が、リアルに話されているのです。

まず私は、「どんなエネルギーグッズをつくるか。それからだ！」と、研究にスタートしました。

「今、世の中で、何が一番必要になっているのだろう？」と、考えました。日本の国は化学が発達し、「化学物質大国」になっています。プラスチックやビニール、洗剤やシャンプー、食品添加物や防腐剤、農薬や化学肥料、衣類から建築材、生活用品から口に入るものまで、ほとんどが「化学」です。日本は、その「化学」のお陰で、経済大国になっているのだと思います。

毒性を消す

化学物質から必ずと云っていいほど、毒性が出るのです。大なり小なりはありますが、「その毒性を消すエネルギーグッズをつくろう」と、思いました。

全ての毒性は、『偏り』です。その偏りを、無くすれば、毒性が消えるのです。たとえば、ＰＨ７（中性）の「浄水器を通した水道水」は、毒性が無く、ガブガブ飲むことができます。その水を、アルカリイオン製水器にかけて、ＰＨ１の酸性水と、ＰＨ１４のアルカリ水に分けたとします。その水は、どちらも飲むことができません。殺菌剤、消毒薬に変わっています。その水を飲みたかったら、両方の水を混ぜて飲めば良いのです。それが、酸性とアルカリ性の中和で、調和でバランスなのです。中庸になるのです。釈迦は、その中庸を『仏』とも呼んでいます。

マムシがいます。マムシは、普段は毒性を持っていないのですが、何かでカッと怒った時に、電気が発生し、マムシの体内で電気分解がおこり、歯茎にＰＨ１の強酸、血液にＰ

Ｈ１４のアルカリが発生するのです。マムシに噛まれたら、ＰＨ１の強酸で、人は死んでしまいます。マムシを捕まえれば、怒ります。怒れば、マムシの血液がアルカリになって、その血を噛まれたところにつけたり、飲んだりすれば、中和されて毒性が消えるのです。これが、「マムシの血清」です。

植物のトリカブトの毒性も、同じ原理です。トリカブトの木の周辺には色々な物質が、土の中、水の中、空気の中に存在しています。トリカブトは、他の植物に先がけて、自分の好きなものだけを全部、自分の根っこに貯めるのです。その偏りが毒なのです。その周辺の草や木は、トリカブトが集めたもの以外のもので、育っています。もし、トリカブトの毒にあたったら、その周辺にある全種類の草を食べれば、偏りが無くなり、毒性は消えるのです。これが中和です。

こんな実験をしたこともあります。
山梨に、プラスチックや塩ビの加工の小さな会社がありました。そこの社員Ａさんは、環境問題にすごい関心を持っていました。

廃材を焼却炉で燃やしています。黒い煙がモクモクを上がります。その黒い煙をパイプで引っぱって、水のはいった大きめのバケツにブクブクさせるのです。その水を畑の野菜にかけると、1週間もしないうちに枯れてしまうのでした。また、焼却炉に残った灰を野菜にかけると、これも同じように1週間もしないうちに枯れてしまうのでした。黒い煙は、酸性のダイオキシンでした。灰の方は、アルカリのダイオキシンです。

そして次に、酸性のダイオキシンとアルカリのダイオキシンを混ぜて野菜にかけると、これが枯れないのです。酸とアルカリで中和されて、偏りがなくなるから枯れないのです。

今度は、私のつくった水をかけると、黒い煙ブクブクの野菜も、灰をかけた野菜の方も、枯れないどころか、かえって元気になったのです。

「0活性」の水は、常にどんなものにも、偏りのない調和の方向に持って行くのです。

病気、不幸、苦しみ、困ったことなどは、全て偏りなのです。どこで、何が偏っているのかが分かれば、中和、調和、バランスして、中庸になれば、すべて解決するのです。宇宙の法則です。

風大和でつくっている水や空気活性器、その他の商品も全てが超精妙な調和のエネルギーを発生するようにできています。その調和の微振動が毒性を中和してくれるのです。

宇宙の力を意識で働きに変える

この宇宙でエネルギーは、一種類です。その一つのエネルギーが、色々なエネルギーに変わっているのです。電気エネルギー、磁気エネルギー、熱エネルギー、結合エネルギー、分解エネルギー、自然エネルギー、風力、酸化エネルギー、還元エネルギー等々。

また、物をつくりだす「創造の力」、原子、電子、中性子、とにかく、全ての力エネルギーは、一番初めの宇宙エネルギーなのです。宇宙エネルギーとは、「宇宙はエネルギーで、エネルギーは宇宙です」と云う意味です。

釈迦の云う、知恵、中庸、空、仏、イエスの云う、愛や、天の父や、キリストとは、同じエネルギーで、「息子」とは、具体的働きのことを云うのです。

宇宙エネルギーを例えると、小学校の運動会で「綱引き」の長くて太い綱が、グランドに一本、真直ぐにして置いてあります。綱の中央には、赤と白の布ヒモが二本一緒に、綱に巻いてあります。それが、綱の「中心点」です。まだ誰も引っぱっていませんので、その中心点には、何も力がかかっていませんから、「0地点」で動きません。生徒が、赤一〇〇人、白一〇〇人で綱を引っ張り合います。赤と白の引っぱる力が、全く同じだとすると、中心点は動きません。これも、「0地点」です。

グランドに置いてあるときの赤白の布は、「0地点」でも、死んだ0で、0＋0＝0です。次に、赤白一〇〇人ずつが、同じ力で引っぱったときの「0地点」には、赤の力が一〇〇と、白の力が一〇〇が、その中心点に働いている0なのです。これは、生きている0で、私は「0活性エネルギー」と名付けています。

これは、陰と陽、マイナス一〇〇と、プラス一〇〇の力が働いているが、何の働きもしない、これが宇宙エネルギーと同じような、あるけども、何も働きもしない、宇宙エネルギーの存在なのです。

磁気的には、N極とS極のバランスのとれたところを、「0地場」と呼んで、それなりの働きをします。

宇宙エネルギーは、超精妙なため、宇宙に、地球に、空間に、すべてに遍満しているのですが、私たちはその使い方が、分かっていなかったのです。宇宙エネルギーとは何か、実感できると実感できた分だけ、自分の力になりますので、意識をつかえば、宇宙エネルギーを使うことが出来るのです。

意識は、エネルギーそのものです。その意識が、創造の力として、働くのです。

宇宙エネルギーを毎日の生活に使う

まず初めに、どのような働きをする装置かを想念、イメージするのです。

私が一時的にでも、実感した分だけは直ぐに、私の意識だけで効果は出ます。でも、私が他のことを思ったら、もう働きません。そのために、私の代わりに、安定して、私の意識通りに働きつづける装置を考えるのです。私の想いを転写するようなものと思ってください。そんなにむずかしくないのです。今の世の中でも、究極的に云うと、同じ方法をとっているのです。

たとえば、100メートルのヒモがあったとします。「そのヒモを88ミリメートル毎に切って下さい」と、定規とハサミを渡されます。初めは、1回ずつ計って切って行きますが、そのうちに計るのが面倒になって、近くにあった木の棒を88ミリメートルに切って、次からは、その棒に合わせれば、確実に、早く、88ミリメートルに計ってくれるのです。これは、「計る」と云うエネルギーを棒に転写したと云うことなのです。「カットする」と云う作業も、自動カッターを作れば、切ると云うエネルギーを自動カッターと云う装置に移した、転写したことになるのです。

具体的には、私の想いが一番転写しやすい物を選びます。水晶、ダイヤモンド、鏡、アルミ、銅、銀、純チタンや酸化チタン、LEDライト、数字や形体などです。人類の集合意識で、空間に飛んでいる常識的想念も活用できるのです。それぞれに働きを持たす（写す）のです。水晶、チタンは、私の想いを一番正確に受けてくれるように思います。鏡はエネルギーの増幅に、ダイヤモンドはエネルギーの安定に使います。

全ての鉱物や物は、分子からできています。分子は、原子（陽子）と電子（陰子）で出来ています。原子核の中は、中性子と陽子がありますが、その中性子と、私たちの純粋で素直な心と繋がっているようにイメージしています。以前はよく、その中性子と話をするような思いで転写していました。

最後に、全ての装置が出来上がると、その装置を、毎日、毎日、そばに置いて、夜寝るときも、そばに置いていると、想像以上の働きをする装置となるのです。

その装置から放射される「光エネルギー」、「0活性エネルギー」は、製品完成後も使用しながら更に少しずつ進化させて行くことができるのです。

全ての毒性は「偏り」です。毒性を消すのは、簡単なのです。鉛をも通過する超精妙なエネルギーを入れることで、バランスして、偏りが消えるため毒性がでないのです。

第九章

エネルギーグッツの開発

「それなら あなたがつくりなさい」

有限会社「東日」をつくった当時、知花先生に、「約束していただいた、エネルギーグッツを早くつくって下さい」と云ったら、

「そんな約束はしていません。あなたがつくりなさい」

と言われたことは前にも書きましたが、同じようなことが他にもありました。

ボリビアでの出来事。ボリビアの田舎の道路は、舗装されていません。雨が多く降ると、どろんこになり、クルマが走れない状態になってしまいます。

知花先生が、現地の日本人のみんなに、「今度、酸とアルカリを使って土を固くして、雨が降っても大丈夫な道路をつくってあげます」

これは「アリ塚」と同じ原理で、アリはアルカリの土を集め、自分たちの口から酸性を出して、酸とアルカリで固めて行くのです。アリ塚は、人間の手で簡単にはこわすことのできない、強固なかたまりです。酸とアルカリを使うと、固めることも、分解することも出来るのです。

それから半年がたって、現地の人から、「風天さん、知花先生が約束してくれた『固い道路』にする話、催促してくれませんか」

私が小さい声で知花先生に催促したら、先生曰く、「私は、そんな約束はしていません」

「いいえ、先生がみんなの前で話しました」

「それなら、あなたがつくりなさい」

……とにかく、「神と人間の対話」のようなものですから。

でも、「エネルギーグッツの件」も、「酸とアルカリの結合の件」も、私の心の奥のところで、「もしかしたら、この前のＨＯ２の水造りと同じように、俺がつくるのだ」という思いに、なってくるのです。

エネルギーグッツに関しては、着々と、自分でつくることができるという思いになってきています。この２０年間で、色々なグッツをつくり出しています。

私がつくるエネルギーグッツは、全て働く方向が決まっているのです。その方向性とは、人類が気づいてやっているのか、気づかずにやっているのかは、分かりませんが、自然環境はじめ、地球環境、あらゆる環境を悪くしている原因たるものを、元の方向に戻すこと。そのための、エネルギーグッツです。

たとえば、洗剤の要らない「洗たくボーイ」は、野球のボール大の「樹脂の球」の中に、「純チタンの円盤」が十字に組み合わさって入っているのです。チタンは、人間の体の中に入っても、細胞が拒絶することなく、同じ仲間のように受け入れてくれる、唯一の金属なのです。だから、骨の代わりとして、また、入れ歯として使われているのです。そのせいか、私たちの意識やエネルギーを、よく受け入れて記憶してくれるのです。

そのチタンに、汚れを分解する力や、布をやわらかくするエネルギーや、毒性を和らげる意識を入れ込むのです。「洗たくボーイ」の、その形が存在していれば、何十年も、その効能は続くのです。１０年以上も多くの方から、活用していただいています。今でも、親しまれ、売れつづけています。

空気を活性化する「銀河の光風」は、この空間にある、「うらみ、ねたみ、ひがみ、しっと、欲望」という、偏った意識エネルギー、邪気を中和して、消して、澄みきった空気に換える、空気活性器なのです。空気の他に、空間の中や周囲のものや、肉体に入り込んでいる偏ったエネルギー、邪気を消すことで、楽になる、運が良くなる、肉体的にも精神的にも健康になるという実感と、デザインの良さで、口コミで広がっています。

更に、鉛をも通過する「銀河の光風」のエネルギーや、「マスタードーム」、「オーラの光風」、「アクエリアスの風」、更にこの度、発売する「和真の響」などは、空間や体内、全てのものの中に入り込んでいる偏ったエネルギー、邪気を中和するだけでなく、より高く、活性化するエネルギーとして進化してきました。

実験として、厚さ5㎜の鉛の板を使って、高さ20㎝、直径8㎝位の円筒をつくります。その筒の中へ、容器に入った酒や、コーヒー、メガネなどを入れて、フタも同じ鉛の板でつくり、中まで食い込ませて隙間をなくし、外から何も入らないようにします。

次に、「オーラの光風」や「アクエリアスの光風」などのエネルギーを、エアポンプとホースを使って水の中でブクブクさせて、エネルギー水をつくり、その水をスプレー容器に入れて、鉛の筒の外側にスプレーするのです。

すると、筒の中に入れた酒やコーヒーの味を、マイルドにも濃くすることも出来るのです。メガネは、ハッキリ見えるようになります。「オーラの光風」や「アクエリアスの光風」のエネルギーが、鉛を通過したのです。

今、この世の中で、酒やコーヒーの味をマイルドにするものは沢山あります。ミネラルやセラミック、磁気、マイナスイオン、ゲルマニウム、生体エネルギー、気功などは、酒やコーヒーの味をマイルドにすることは可能です。でも、濃くすることはできないのです。

その理由としては、自然界のエネルギーの影響を受けているからです。自然界のエネルギーとは、姿、形があるもの、目に見えるものは、時間とともに、次第になくなって風化していく、色あせる、臭いや香りも薄くなって消えていく、そんなエネルギーなのです。

食べものなどは、微生物が介在して、腐らせて、水にして、蒸発して、空（くう）になってしまう。プラスチックなどは、紫外線に当たりボロボロに砕け、粉になって土に戻ってしまう。それは、エントロピー、固まりがなくなっていく世界。エネルギー的には、酸化して力がなくなってしまう。それが自然界なのです。形あるものは、いつかは壊れる。見えるものは、いつかは消える。

自然界と反対のエネルギーの世界がある

その自然界とは反対のエネルギーの世界があるのです。

たとえば、オシベとメシベがひとつになった種があります。その種を土に植え、水をやると芽が出てくるのです。その根がやがて葉になり、木になり、実をつけるのです。

これは、あの小さな種の中に、「木になり実をつける」と云う情報が入っているから、そうなるのです。空から形、固まりになるという「プラスエントロピー」のエネルギーで、物質化現象なのです。エネルギー的には、力がなくなっていく酸化に対して、酸化還元という言葉があります。酸化還元とは、簡単にいうと、そのものの中に入っているエネルギーが、自然法則で放出されて、必ず少なくなっていくのに、そのものの中でエネルギーをつくりだし、いくら使っても減らないエネルギーと思ってください。さらに、一番初めのエネルギーよりも、多くなってしまうことを「還元エネルギー」と云うのです。

今の科学で云われている「酸化還元」とは、電子がどんどん放出されて、力がなくなったので、なんらかの方法で電子を与えて元に戻すと云うことらしいのですが、私は、今の科学を知らないので、まちがっていたらゴメンナサイです。

私の今までの体験の中で、前述したエネルギーグッツ以外に、酒やコーヒーの味を濃くするものには、一度も出会ったことがありません。ワサビに「還元エネルギー」を入れて、誰かに食べさせると、もう辛くて悲鳴をあげるほどせき込んで、涙を流し、「み、みず、水、水ください」……こんな楽しい実験も、よくやってしまいました。

陰と陽、質料とエネルギーのバランスした調和のエネルギーは、調和すればするほど超精妙になり、分子間の狭い鉛をも自由自在に通過する「光」のような存在になって行くのです。そこまで精妙になると、私たちの意識と自由につながるのです。

メガネを鉛の筒の中に入れてフタをして、筒の外からエネルギー水をスプレーした時に、メガネが持ち主の目にピッタリと合うのです。ハッキリ見えたり、明るく見えたり、レンズだけではなく、メガネのフレームも持ち主の顔にピッタリ合って、落ちなくなり、みんな驚きの声をあげます。とにかく、変化するのです。

その理由としては、原子と電子で出来ている分子の集まりで、メガネが出来ています。筒の外側からスプレーした水のエネルギーが、鉛を通過し、メガネの原子に入り、原子に力がついて、電子を大きく、勢いよく、一番外の軌道を回すのだと思います。これを、「分子の活性化」といいます。

全ての分子が活性化すると、分子の中にある磁気のN＋、S－などが、しっかり働き、分子がきれいに整列するのだと思います。整列した分子間には、「空」と云われる万能エネルギーが働き、「物を見る」という自分の目に合わせ屈折するので、ピントがピッタリ合うために、ハッキリ見えるのです。

でも私は、今の科学者や一般の人からは、笑われたり、おこられたりしていますが、メガネに関しては、何万人もの人が実感しているのです。私なんかは、よく見えるのは「当たり前」だと思っています。

さらに、原子の中での原子核は、中性子と陽子でできています。その中性子は陰子と陽子がひとつになっているので、「光」のような存在です。「その光と私たちの心は、同じものからできている」とイメージして呼びかけると、更にしっかりと働いて、変化も大きく現れるのです。

第十章　健康と病気について

想念で癒しの「神木さま」をつくる

「気」とは、見えないエネルギーのことです。

ある村に大きな木がありました。

何百年、もしかしたら何千年以上の樹齢かも知れません。根から水分や栄養を吸い上げています。その木に、近寄って耳をつけると「ゴトゴト」と音をたて、木の内部で水が上に昇っていく様子が聞こえます。まるで、たくさんのポンプで水を汲みあげているかのように聞こえます。

また、なんとなく元気のない時は、家の近くにある、この大きな木に抱きつくと、なぜか元気が出てくるのです。村にある何百年も生き続けた大きな木からは、「気」というエネルギーが大量に出ているのです。

村人は、病気になるとその木のそばに行き、木にお願いして、病気を癒してもらっています。エネルギーは、高い方から低い方へ流れるため、病人はみんな元気になっていくのです。大木に「しめ飾り」を付け、村の「お守りさま」のように拝んでいます。

ところがある理由で、その木が枯れてきて、気が出なくなってしまいました。それでも、その御神木のような木の側に行くと、病気が癒されるのです。村人は、その後もこの「御神木パワー」で元気になっています。木が青々と茂って気が出ている時は、「癒される」のは分かりますが、枯れて気が出てないのに「癒される」のは、なぜでしょう。

それは長年、村人が「その木の側に行けば、病気が癒される」と信じ込んでいる力、つまり、村人の想念パワー、「その木のところに行けば大丈夫」と云う思いが、村人を癒すのです。

私たちの想念、意識は、想念波動、意識波動と云って、とても高いエネルギーなのです。そのエネルギーで、どんなものもつくりだしたり、生かし続けたりすることが出来るのです。

「病気のできるメカニズム」

私たちの肉体は「細胞の集まり」です。肉体から、細胞を全部取ってしまえば、何も残りません。肉体とは、「細胞の集まり」のことを云っているのです。

細胞には、ひとつひとつ寿命があります。細胞によって違いますが、約3カ月、100日くらいとしておきましょう。細胞の数は、500兆、1000兆、3000兆とか云われていますが、定かではありません。

たとえばここに、姿、形が同じ3本のキュウリがあるとします。

1本（Aとします）は、農薬と化学肥料でつくっています。もう1本（Bとします）は、化学肥料だけを使って、農薬は使っていません。最後の1本（Cとします）は、有機肥料をたっぷり使って、有機微生物で育ったキュウリです。

この3本のキュウリを、それぞれ真ん中からポキッと二つに折ってみます。Aは中がカサカサで、大きな粒子の細胞が集まっているのが見えます。Cは、中がビッシリと粒子の細かい細胞が詰まっていて、割れ目からは樹液が流れています。更には、重くズッシリしています。２つに折ったキュウリをピシャッと合わせて１０分もすると、くっついて、軽く振っても大丈夫になります。Ｂは、その中間だと思ってください。

味は、「天地の差」があるほど大きくちがいます。もちろんＣが、美味しいです。外側から見た、姿、形、色などは同じなのですが、中味は３本ともちがうのです。エネルギーがあるかないかで、中の細胞の粒子が大きくちがってくるのです。

人間も、病気の人で８００兆位、普通の人で２０００兆位、とても健康な人で３０００兆位、知花先生のような覚者の細胞は、数えられない「光細胞」のようになっているのだそうです。（細胞の数については、「たとえ話」としてとらえてください）外側、外面は同じようでも、細胞のパワー、力は、大きくちがっているのです。

細胞の寿命が１００日として、細胞の数が１０００兆とすると、毎日、平均で１０兆個の細胞が生まれ変わりをしているのです。ひとつの細胞が死ぬと、すぐとなりの細胞が「細胞分裂」を起こし、新しい細胞が生まれて、死んだ細胞を押し出して行くのです。そして、汗や尿に混ざって、体外へと排泄されるのです。汗の臭いの一番の理由は、「死んだ細胞の臭い」かも知れません。

ところが、細胞がすでに死んでいるのに、となりの細胞から新しい細胞が生まれてこない場合があるのです。細胞分裂して新しい細胞が生まれ出るためには、「ある条件」が必要なのです。

「細胞分裂」、「産み出す」ためには、一時的にエネルギーが必要なのです。体内は微生物の集合体のようなものです。その中の嫌気性菌（陰・女）と、好気性菌（陽・男）のバランスがとれていると、陰（－）と陽（＋）で、電気のようなエネルギーが起きて、すぐに細胞分裂をして新しい細胞を産み出すのです。

今、多くの人の体が「酸化状態」で、酸素やエネルギーが少ないため、嫌気性菌が幅を利かせているので、好気性菌とのバランスがとれないため、電気が起こらない、新しい細胞を産み出すのに時間がかかることが多いようです。

嫌気性菌が多くなる理由は、化学薬品や化学調味料、酸化した油などは、陰性です。うらみ、ねたみ、ひがみ、しっと、欲望などの「マイナス思考」は、陰性エネルギーです。増えれば増えるほど、嫌気性菌が多くなります。

酸素が一番大切なのです。やさしさや明るい思いも陽性です。陽性が好気性菌を増やすのです。

陽性とは、明るい思いや酸素は、好気性が増えることです。

水素は陰性ですから、体内では嫌気性菌が喜ぶと思います。飲料水では、エネルギーのある水、酸素の多い水、粒子の精妙な水が、好気性菌の喜ぶ水だと思います。体内の嫌気性菌と好気性菌のバランスは、とても大切なのです。もっと自分の体内の微生物に関心を持つことを、みんなで考える必要があると思います。

「死んだ細胞」から「ガス」が発生？！

細胞の生まれ変わりに時間がかかると、たとえば毎日、１０兆個の細胞に寿命が来ると、新しい細胞が出てくるまでは、死んだ細胞が一時的にでも、塊まりのようなものになって、それでも新しい細胞が出てこないと、生命のなくなった細胞が腐ったようになって、ガスを出しているように思われます。行き場のないガスは、同じ場所でガスを増やし、動かないために、更に淀んで、ますます悪臭、毒性化するのだと思います。

昔の医者は、「すべて名医」と云っても過言ではないと思います。なぜなら、昔の医者は必ず聴診器を使い、体内の音を確かめます。ガスが溜まっているところは、「音の質」がちがうので、すぐにわかるのです。

「あっ、この辺だ、この辺にガスが溜まっている」ことを確かめてから、次に手で体を触るのです。手の感触で「ガスの存在」を確かめてから、左手を肌にあて、右手でその左手の上から、「トントン、トントン」とリズム良くたたくのです。打診するのです。

左手は「陰」で、右手は「陽」なのです。陰と陽を合わせ、「たたく」という刺激（スパーク）をつくり、出来た「エネルギー光」のようなものをガスにめがけて放射するのです。これで体内のガスを消したり、外へ追い出して、病気の元を断つのです。これが本当の「手当て」なのです。神のつくった人間の体を活用して、想念と行為を同時にして、「癒す力」としているのです。

想念で病気をつくりだす

人間の体内の微生物の働きや、細胞の新陳代謝などを重要視しない今の医学は、聴診や打診はほとんど行っていません。検査機器の発達した現代医療では、レントゲン、ＣＴ、超音波、ＭＲＩ等々、体の中の異常箇所、「白い影」があることをすぐ見つけます。

医者がレントゲンフィルムを見て「うむ、何か白い影がありますね」

患者さんは驚いて、「えっ、まさかガンじゃないですよね」

医者は、「いやまだ、そうとは決まったわけじゃありません。」

しかし患者さんは、この世で一番恐ろしい死と向き合うことになり、向き合うだけならまだいいけど、「死」という悪魔が追いかけてくるのです。体内の全細胞に、「恐怖」の波動が発生するのです。

「死にたくない。まだ子供が小さい。家のローンも残っている。年老いた両親を誰がみてくれるのか。死ぬのが怖い……」

とにかく恐ろしさで、身も心もちぢむのです。

「1週間後に精密検査をしましょう」

その1週間、恐怖のために、まだ寿命が充分残っている細胞までが、一斉に「早死」してしまうのです。

そして、精密検査の結果、

「先週までは小さかったのに、たった1週間でこんなに大きくなっています。このスピードで広がったら、余命1年、いや半年か。今すぐ入院、今すぐ手術の必要があります」

……医者は決して「治る」とは云わないのです。

そして今度は、手術の恐怖です。余命がどうだとか、毎日が恐怖の連続です。元気な細胞が、どんどん早死してしまうのです。

私、風天は、「完全なる神が、完全な力で設計し、つくりあげた全細胞とその仕組みと働きは、そんなに簡単に壊れる（悪くなる）ことはないと思ってます。レントゲンに写った「白い影」の正体を、しっかり見極める必要があると思います。

「死んだ細胞」の集まり、固まりは、昔のレントゲンの精度では写らなかったのです。それが今のレントゲンの撮影能力が向上し、「白い影」として写しだすことができるのです。更に、死んだ細胞の周りにあるガスが波動として溜まっているので、そのガスが「白い影」として写ってしまうのです。それは、滝つぼの近くや、うす暗い寺院や神社、さらにはゴミの山の近くで写真を撮ると、白い丸のような形が写ることがあります。それは、「オーブ」と云っています。私たちの肉眼では見えませんが、カメラを通して写しだすと、たくさんのオーブが現れるのです。オーブは偏った波動の集まりなのです。

オーブには、諸説がありますが、幽体波動のガスのようなものが、白く写るのだと思います。空間の中にはオーブとして、体内には「白い影」として写る、死んだ細胞や、そこから出るガスが正体だと思います。

これが世の中で云われている、「ガンモドキ」の云われだと思います。これが「ファースト・ステージ」です。

「ガン細胞は転移する」と云われている正体は、そのガスが移動して増えて行くことなのです。

実際、できあがっているガン細胞があり、それが転移していくケースもあると思いますが、本来、死んだ細胞は増殖することはありません。死んでいるのですから。

ところが、その死んだ細胞を生きているガン細胞に変えることができるのです。

ガン患者が少ない頃は、患者本人と、家族と医者が、死んだ細胞をがん細胞にして、命を送り込んだ張本人だったのです。みんなで、「ガンだ、ガンだ、大変だ、不治の病だ」と、想念波動を使い、死んだ細胞に「偏ったエネルギー」を送り込み、さらに、「転移するぞ、転移するぞ」と、またしても偏ったエネルギーを送り込み、生きているガン細胞を具現化してしまったのです。

完全なる神がつくった、完全なる細胞を壊すことができるのは、万物の霊長たる人間の意識でしかないと思います。霊長とは、見えないすべての力を「霊」といいます。その「長」ですから、神の存在と同じレベルの波動を出すことができるのです。みんなで繰り返し、繰り返し放射する、「偏った想念波動」で、今のガン細胞をつくりだしたのだと思います。

そのことが分かれば、解決する方法は、いくらでもあると思います。自分たちの想念波動でつくったものは、より高い想念波動で元に戻すことができると思います。それを、自己治癒力とか自然治癒力というのです。

自然治癒力とは、自然の力と体の中に仕組まれている治癒力のことです。たとえば動物がケガをしたときは、何も食べないで、動かないで、体中の全生命力を「癒す力」に使うことにより、回復し、元気になっていくのです。

幽体波動や霊体波動を研究してきた私にとって、昔の医者、名医のやっていた聴診器や打診によるエネルギーの放射方法は、本当に理にかなった医療だと思います。

全ての病気は「偏った想念波動」でつくり出しているので、本人と家族が気付けば、自分で癒すことができるのです。これからも、多くの仲間たちと一緒になって、そのお手本を示して行きたいと思っています。

まちがった想念ではなく、正しい想念の使い方を、多くの人に伝えたいと思っています。

第十一章　これからの農業

今までの農業実験

知花先生にこんな話を聞いたことがあります。２０年ほど前のことです。「これからは、『のう』の時代です」と。

私の勝手な解釈で、「能」の時代、「脳」の時代、「農」の時代という風に、当時、私は表面的な捉え方をしていました。今は、「能」とは能動原理、宇宙エネルギーのことかと思っています。「脳」の働きを理解して、神の想い、真我を顕現することかと思っています。「農」については、「天の父」という宇宙エネルギーの存在と、「母なる大地」を一体化させた「創造の原理」を、実践することのようかと思っています。私にとって、「少しキザな言い方かなぁー」と思っています。

私の農業の始まりは、２０年前のボリビアでの土づくりからでした。全く農業を何一つ知らないところからのスタートでした。１年かけて土をつくり、虫に食べられない野菜をつくり・・・「なんでも簡単にできると思ったら、本当にできるんだなぁー」

自分でつくった野菜が可愛くて、小さい葉っぱまで大切にして食べて、口で味わい、心で味わって食べると、なんと野菜の美味しいことか・・・

野菜つくりの全ての中心は「水」でした。その頃は、エネルギー活性装置を通して、「光エネルギー」のような、「0活性エネルギー」のような、「宇宙エネルギー」のような、なんだか自分でもよく分からない「エネルギー水」をつくり、その水があれば、どんな農業ができるかのような、全くいい加減な考えでした。

でも、いかに良い水をつくるか、いかにエネルギーの高い水をつくるかの探求は、一日たりとも怠ったことはないと思っています。

水が進化しているか、いないかは、毎日使ってみて、その反応や結果を見て判断していました。特に植物の成長や変化が、一番のバロメーターでした。

カビ菌などの嫌気性の菌が増殖しないで、好気性の菌が増えている。発酵も早く、植物の成長が早いなど、それから100倍、1000倍、10000倍に薄めても効果があるなど、他の水では考えられないくらいに、成長してきました。

ホメオパシーとは、全く違う世界です。薄めるのではなく、水の運動の場を広げるという発想です。

その頃、「風大和研究所株式会社」をつくりました。「宇宙エネルギーを研究する」ことと、「ごはんが食べられる」ための、私と家族中心の「個人会社」でした。年老いた父親の年金と、私の年金が少し多かったのが「救いの神」でした。

創業当時からずっと、夢のような、希望の光のような「経営理念」をしっかり掲げていました。

「共存共栄のための新価値を創造する」

全ての人が幸せになるために、宇宙エネルギーの使い方を研究をするという意味です。

その当時、知花先生は有機農法のやり方を、詳しく教えてくれましたがしばらくすると、いきなり、

「これからは、無機農法です」と、云い出しました。

有機農法については、これだけ大量の農薬を使ってしまうと、その土地が回復するまでには20年や30年はかかるので、とうてい、間に合わないのです。「3年間くらい農薬と化学肥料を使わなければ、有機農法が出来る」とのお話もありますが、無理だと思います。なぜなら、土壌に農薬反応が出なくなっても、有機微生物が育たないのです。今の有機野菜の大半は、農薬や化学肥料は使ってないけど、野菜の中の有機微生物が少ないのです。そのために、「曲がったキュウリ」や、あまり美味しくなくて、すぐに腐ってしまう元気のない有機野菜が多いです。さらに有機野菜は、コストがかかり、少量生産のため、値段も高いのです。

「3年間無農薬」の畑に、有機肥料を入れても、それを食べる微生物が少ないため、残った有機肥料が腐敗してガスを出して、そのガスが数少ない微生物を殺してしまう悪循環になるのです。農薬を使い続けた「ツケ」は大きく、自然界の力では、元に戻すのは何十年もかかるでしょう。

知花先生は、土壌栽培や水耕栽培も見せてくれました。そして先生は、私と二人の時に、よく農業の話をしてくれました。

「将来は、気耕栽培になります」

私が、「どんなふうになるのですか」と尋ねると、
先生は、「紙とペンを貸して下さい」と、メモ用紙に書いてくれました。

「土でなく、水でなく、気エネルギーですよ」と。

そして、何だかわかりにくい、へたくそな絵を描いてくれました。


「自分で気づきなさい」という、メッセージだけが大きく感じられる絵でした。

何かの啓示が入っているのか？

私は、そのメモ用紙をずっと大切にし、何度も、何度も、見直しました。

この時から私は、「気エネルギー農法」をほとんど毎日、意識するようになってしまったのです。

水を媒体として、エネルギーを土や植物に入れる方法。
ある空間では、空気を媒体として、エネルギーを土や植物に入れる方法など・・・

実践研究の始まり

純チタンで、水が1トン入る円柱型のタンクをつくり、ＬＥＤライトが7個ついた細い板状のものを、防水アクリルの筒に入れ、それを数本使って、タンクの中を照らします。タンクを水で満たし、酸素ボンベや酸素発生器で、水に酸素を入れ続け、タンクのちょうど真ん中、つまり、天地左右の中心部で、純チタン製のテトラヒドロン（正三角錐）を144時間、高速で回し続けるのです。

一日数回は、タンクに手でタッチしながら、言葉をかけたり、意識を入れ込むのです。するとと、1週間で、とろみのある、甘くおいしい、ピカピカに光った水が出来あがるのです。これが、農業用活性万能水「農業さくら」の始まりでした。

最初は、「農業さくら」を1000倍希釈で土にまきました。そのうちに、1万倍、10万倍と、薄めても効果が変わらないことが分かりました。

希釈するときの、「まぜ方」があるのです。

「希釈する、薄める」という考え方ではなく、水は常に、HとOが離れたり、くっついたりしているので、「水の振動の場を広げる」という発想で「まぜる」のです。これから先、100万倍希釈、1億倍希釈にすることも充分可能です。もう、私の意識の世界では、できあがっています。

テトラヒドロンについて【農業の話の途中ですが、ちょっと寄り道します】

「テトラヒドロン」とは、正三角錐のことです。ピラミッドは四角錐で、水平にして一方を北に合わせるなどして、固定して使います。ピラミッドは、四角錐の中心部でエネルギーを発生しています。テトラヒドロンは、方向や天地が関係なく、外へエネルギーを放射するのです。回転させると、更にエネルギーが増すのです。

テトラヒドロン開発のきっかけは、「あるひらめき」でした。正三角錐を光学ガラスで作ってもらい、その頂点と三角形の線上の角の中心に、８㎜球の天然水晶を１２個付けて実験してみました。すると、周囲に「やさしいエネルギー」を放射しつづけるのです。

知花先生が、風大和の会社に遊びに来てくれて、それをじっと見ていました。

「きれいですね」と云ったので、

私はすぐに、「1個差し上げます」

知花先生は、「じゃあ、もらって実験してみましょう」と。

それから数カ月程たって、知花先生から電話がきて、

「明日、埼玉の研究所へ一緒に行きませんか。良いものを見せてあげます」

その頃、知花先生は毎日、埼玉へ行って「風力発電」などの研究をしていました。

私は二男の拓郎と一緒に、埼玉にある先生の研究所に行きました。研究所には、縦横5

m×5m、高さ50㎝くらいの木枠があり、そこにブルーシートが張った水槽がありました。水槽には水が満たしてあります。どうも、水槽の端と端に電極のようなものがあり、「＋と－」で通電して、水のエネルギー変化の実験をやっていたみたいです。

先生は、私のつくったテトラヒドロンを、ブルーシートの水槽の中に入れました。すると、そのテトラヒドロンから気泡が、ブク、ブクと出てくるのです。

「この泡は酸素ですよ」と知花先生、そしてさらに、

「これは、この形体波動、形から出るエネルギーで酸素をつくり出しているのですよ」と。

水晶を12個付けた、ガラスのテトラヒドロンから酸素が出ているのです。

このテトラヒドロンを純チタンでつくり、乱暴に扱っても壊れないので、水の中やビニールハウスの中で、回転させたりしました。それがこの後、大きな働きをしてくれるようになったのです。

各地で実験

日本全国、北海道から鹿児島。淡路島で「農業実験」をしました。ボリビアでの農業実験の時と同じく、「やれば、なんでも良くなるだろう」などと、簡単に考えていました。そして、なるべく「プラス発想」の人たちと一緒に実験しようと思いました。

◎鹿児島のお茶畑での実験

４０代の若い夫婦でした。１０月の初めに「農業さくら」を５００倍に薄めて、一週間空けて二回ほどお茶畑に撒きました。

２０日後に行ってみたら、やわらかい芽がたくさん出ていました。四番茶なのに、まるで一番茶のような葉が採れました。（記録写真あります）

◎長崎県のホウズキ

長崎県で、ホウズキが、普通は草丈が６０㎝から８０㎝くらいなのに、「農業用さくら」を使ったら、草丈１３０㎝もあり、実も大きく全部均一に育ち、１本残らず収穫できました。初めてのホウズキ栽培だったので、大成功にビックリしました。

普通、ホウズキ市場では、草丈１００㎝位で実が全部ついているのが「最上級」らしいのですが、背が高すぎたため、下の部分を３０㎝程カットしました。３０㎝カットすると、実が３個位残ってしまうのです。その実があまりにも「見事なホオズキ」なので、ある業者さんが「高級料理店に売れる」とのことで、１個１００円以上で、何千個も買ってもらうことができたのです。「こんなことって、あっていいの」って云うお話しでした。（記録写真あります）

◎長崎県で「紫竹　種なしブドウ」の栽培です

１０００坪位の広さです。ブドウ畑のとなりには小さい山があり、小川の水が流れた溜まり池があります。その池の中へ、「農業さくら」を少しずつたらし、その水をブドウ栽培に使っていました。

紫外線や、虫から実をまもるために「白い袋」かけをしている頃に、数人で現場へ視察に行きました。

昨年と比べると、「ある異変」が起きていたのです。それは、毎年、作業中に蚊などに手や顔を食われて、それはもう大変だったのに、今年は、その蚊が一匹も見かけないのです。見学に行った私たちも、みんな半袖姿で地面に座り込んで、農園主から説明を聞きました。

「また新しく出た芽が、みんな上を向いている」のです。

これは、「元気のよい証拠」だと云っておりました。

収穫の最後に「ハプニング」がありました。種なしブドウで、味も抜群で、実も大きいので、市役所の広報の取材を受けたそうですが、一房が大きくなりすぎ、用意していた毎年使う「ブドウの箱」に入りきらず、あわてて「巨峰の箱」を分けてもらい、なんとか間に合ったそうです。そして収穫は、前年の5割増しでした。（記録写真あります）

◎長崎県「じゃがいも君」

長崎のじゃがいもの産地では、「農業さくら」を使ったおかげで、気候の影響をほとんど受けることなく、「成長するわ、するわ」でした。収穫量は、昨年まで反当り3〜4トンでしたが、この年は6〜7トンで、約2倍も収穫することができました。

じゃがいも君、がんばったね！（記録写真はありません）

◎徳島県　シンビジウム（洋ラン）

今までで、「最高の出来」でした。葉が広く厚く、上にピンと立っています。とにかくきれいなシンビジウムです。

シンビジウムの栽培方法は、高さ40cm位の細長い鉢に入れて、それを宙に浮かせて並べて栽培します。そして、2〜3年で植え替えが必要ですが、7年位、植え替えをしていませんでした。そこへ、「農業さくら」を使用したら、今までない最高にきれいな花が収穫でき、収益がいっぱいあったそうです。(記録写真あります)

◎兵庫県淡路島　玉ねぎが24時間で乾燥完了

淡路島で玉ねぎを栽培しているMさん。「農業さくら」を使用しています。「玉ねぎは乾燥がうまくいかないと腐るので、いかに上手く干すかが収入を大きく左右する」のだそうです。今年は100万円くらいかけて、「玉ねぎの乾燥装置」を入れようかとの話を聞き、

私が「そんなの簡単にできるよ」と大ボラを吹きました。早速、エネルギーグッツの「ちびまるUFO　LLセブン」8本と「ぶんぶん丸」1台を送りました。玉ねぎを乾燥させる小屋の中心部に「ぶんぶん丸」を、小屋の端の方には「LLセブン」8本を取り付けて

もらいました。（ＬＬセブンは商品名で、１㎜の厚さで直径３６㎜の丸いチタンに、ある形の穴を開けたものを７枚つなげてあるものです）

次の日、Ｍさんから電話がありました。

「風天さん、とんでもない結果になったのよ。すごいのよ、なんと２４時間で乾燥してしまったの。その写真を撮って送るからね」

普通は条件が良くても、１週間〜２週間干して、それでも完全にはならないとのこと。

そしてその次の日、Ｍさんに用事があったので携帯を鳴らしたら、

「今ね、その玉ねぎを持って、みんなに見せて自慢しているの」

Ｍさん、ニコニコ顔です。（記録写真あります）

なお、玉ねぎは収穫してすぐに農協などに出荷する分と、農家で保管して後で出荷する分があります。保管する場合は、葉の付け根部分がしっかり乾燥してないと、菌が入り腐っていくのです。そのために茎の部分を、しっかり乾燥させる必要があるのです。

◎農薬で衰えた畑が1年でよみがえった新潟県魚沼市のユリの花です

「ユリの花、栽培物語です」

２０１２年８月、新潟県でユリの花を栽培しているＡさんと出会い、風天の友達のＮさんの紹介で説明をさせていただきました。ＮさんとＡさんは幼なじみの同級生ということで、信用してもらいました。

８月６日に１０００倍くらいに薄めた「農業さくら」を一部の畑に散布しました。８月１０日、Ｎさんより「どうしてもすぐ来てくれ」との要請があり、日程をやりくりして、８月１４日に伺いました。

私は畑を見て、「これ、すごいじゃないですか」

Ａさん、「そうなんですよ、とにかくすごいのです」

真夏の暑い中、わずか1週間でユリの背丈が１５cmも伸びているのでした。

Ａさんは、「こんな短期間で伸びてしまい、今後も伸びたら商品にならない」と心配で、私にすぐに来てくれということでしたが、私も少し気にしながらも、「でも大丈夫ですよ。なぜなら、この花のつぼみの部分を見てください。一つ一つのつぼみが、花が咲いた時のスペースをちゃんと確保しているじゃないですか」

Aさん曰く、「私もそれは見て分かっているのですが、あまりにも成長が速いので、ついつい心配してしまいました」

私は、「ユリの生命力が上がり、花のついた時の位置をちゃんと計算してデザインしているのです。花の生命力を信じていいんじゃないですか」

それにしても、植物の生命力の素晴らしさを、自然の中で見ることができました。そして、そのユリは本当に良くできて、ランクが2段階も上がり、「最高級」として市場へ出て行きました。（記録写真あります）

◎新潟県魚沼市のコシヒカリです（2012年）

コシヒカリの本場、魚沼市のNさん、「農業さくら」の本番実験を行いました。1反（たん）5畝（せ）の田んぼに、田植え前より「農業さくら」を1週間おきに5回散布しました。田には水がはってあるので、あぜ道を歩きながらペットボトルで少しずつ撒きました。8月には「葉面散布」を2回行いました。

7月31日に、私（風天）が視察に行きました。田んぼからは、稲の葉の風になびく音がサラサラと、さわやかに伝わってきます。稲も本当に、気持良さそうです。稲の茎の部分を見ると、ヤゴ（トンボの幼虫）のぬけ殻がありました。

田植えは5月19日で、直後に除草剤を撒いたにもかかわらず、7月31日の田んぼの中には、小動物がいっぱいいるのでした。除草剤を撒いた後、雑草の芽が枯れるのを確認してすぐに、「農業さくら」を「除草剤の毒消し」のつもりで撒いたのでした。そして7月31日にヤゴのぬけ殻が見つかるとは、「農業さくら」が除草剤の毒性をすぐに消したので、ヤゴが発生し、2か月足らずでトンボになったということでしょう。

２０１２年は、全国的に猛暑でした。この田んぼのすぐ近くに、同じコシヒカリを育てている人がいましたが、９月に入り、猛暑のために、稲の止葉が赤くなってしまいました。市役所や県の農業指導車が、スピーカーで「早く稲刈りをしてください。コメの粒が割れて等級が下がります」と呼びかけたほどです。

９月１１日に稲刈りをしたのですが、「農業さくら」を撒いたＮさんの田んぼの稲は、止葉もしっかり緑で、美味しいお米がとれました。（記録写真あります）

農薬を使った田んぼや川でも、「農業さくら」を何回か散布すれば、どじょうや小魚、小動物が住みやすくなるような環境になります。

第十二章　天地一体の超自然農法

天地一体の超自然農法

右記の言葉は、私がつけた名前です。

何十年も、全く農薬も肥料も使わずに、ただ自然の力で虫もつかず、しっかりした、おいしい野菜や果物をつくっている人に会いました。九州のある島の人でしたが、現物は見ていませんが、本人の話だと間違いないと思っています。

また、青森の木村さんのリンゴの話は有名です。木村さんの目指している農法もすばらしいと思います。木村さんの話によると、土の耕盤が抜けて土がフワフワになるのに、4〜5年かかると云います。そのあと、微生物が少しずつ育ってきて、有機肥料と微生物でさらに4〜5年かけて、やっと腐らないおいしいリンゴができるまで10年位かかったという話です。

私の仮説の農法をお話しします。地表から下20〜30㎝の間に、「耕盤」と云われる硬い層がなぜできるのだろうと、私なりに色々調べてみました。

ひとつは、「重い農業機械が畑に入るため、その重さの積み重ねで土が硬くなる」という話に多く出会いました。でも重い機械を一切使っていない畑でも、耕盤はできるのです。もうひとつの話として、「化学肥料や農薬を多く使用していたために、イオン化された『＋、－』のエネルギーが作用して、土がだんだん硬くなる」という話も多くありました。更に、重機も化学肥料も農薬も一切使ってないのに、耕盤ができているところがあるのです。

はっきりとした理由は分かってないようですが、耕したり堆肥を時間と労力をかけて何回も入れたり耕していると、耕盤が抜け、細い棒がスゥーと入るのです。その時は、なんともいえない気持ちのよさを感じるようです。耕盤がなくなると、本当に「良い作物」ができるようです。

数年前、筑波にある川田研究所の川田薫博士との出会いで、ミネラルの働きのすごさを教えていただきました。ミネラルとは、鉱物（ミネラルの集合体）という意味であって、一つ一つの元素（エレメント）を指すのではありません。ミネラルの効果は、その集合体の働きということです。その鉱物を硫酸や酢酸などで時間をかけて、ある方法で溶かすことで、全て2ナノサイズで統一されて溶けるのだそうです。

川田研究所では長年の研究結果として、用途別に多くのミネラル水溶液をつくって、それぞれしっかりとした実験結果を引き出し、整理されているのです。農業用、動物用、魚用、微生物用など、たとえば農業用だけでも、土壌改良用、米用、根菜用、葉用、果実用など、10種類以上が商品として用意されています。

その中の「農業用A液」は、土壌造りと耕盤をなくす働きをするミネラルで、まるでトップバッターで、エースで4番の力を持ったミネラル水溶液なのです。その働きとしては、土に散布すると放線菌という好気性菌を増やし、その放線菌が大量になり、逆に正反対の働きを持つ糸状菌（カビ菌、嫌気性）がわずかにいることで農薬の毒性を消すことを、川田先生はしっかり見つけていました。

放線菌は、好気で、陽性で男なのです。糸状菌は、陰性で女なのです。陰と陽、＋と－

がひとつになると、光のようなエネルギーを出すのです。それが農薬の毒性を消すのだと思います。毒性とは、全て偏りです。光のような調和の超微振動の波動が偏りを中和させ、毒性がなくなるのだと思います。

その微生物群が土壌にエネルギーを入れ、力のある土壌に変えてくれるのです。風大和研究所の「0活性エネルギー」も、「調和、バランス」が基本のため、A液と一体化して更に大きな力として働いてくれます。A液にエネルギーを入れた水溶液をつくり、その水溶液に更にエネルギーを入れ、その積み重ねで、わずかな量でも「大きく働く力」になって行きます。そのミネラルAのエネルギー水溶液を、風大和研究所では「農業さくらA」という名前でつくっています。

「農業さくらA」を使って、全国数か所で「耕盤はずし」の実験をしました。宮崎の佐土原では、秋から5回程「農業さくらA」を畑に散布しました。半年後、土がフカフカになって棒がスゥーっとささるのです。大雨が降っても、その畑だけは水が溜まらないのです。水が地下に沈んで行くのです。

日照りが続くと、今までだったら土がカチンカチンに乾いて固まってしまうのに、地下から水分が上がって来て、この畑だけは土がしっとりしているのです。ナスを植えたら、見事なナスがどんどんとれるのでした。

そんな実験をしていると、見えてきたことがあります。

それは、「耕盤をつくったのは、地球の意識だろう」と、思うようになりました。すべて、見えない「空」の世界も、見える物の中にも「神」という意識が入っています。地球に意識があるのは、当たり前のことです。その地球が人類に対して、「もうこれ以上、地球の内部に毒性を入れ込まないようにするためにバリアを張った」、それが耕盤だったのだと思います。

重機も、農薬も、化学肥料も使ってないところでも、耕盤ができているところが多いのです。「なぜなんだろう」と考えつづけました。

毒性は農薬だけでない、ほかにもありました。空気中にあるCO2や、もっと強力な毒性として「邪気」があるのです。「うらみ、ねたみ、ひがみ、しっと、欲望」などの人間の出す偏った想念、想念波動があるのです。特に「しっと」は陰湿で強力な偏りです。「しっと」している人の息をビニール袋に入れて、その毒性を調べたら、「1回の息で、数人分の致死量がある」という実験結果もあるそうです。そのCO2や邪気が、雨に含まれ地上に降りてくるのです。

話が少しそれますが、これも「風天の仮説」と思ってください。

空気中には、CO2がいっぱいあります。CO2は、酸性の毒性です。「うらみ、しっと」なども酸性の毒性で、同じ酸性どうし、類は類を呼んで合体してしまうので、粒子のあるCO2は毒性は弱いのですが、空気中に存在し続ける働きをするのです。邪気は粒子がないため、精妙さが強力な毒性を出すのです。働くのは邪気で、存在し続ける力はCO2が担っているのです。

数十年前、一時期「光化学スモッグ」というのがありました。排気ガスの多い都会の交差点などで、紫外線の強いときに「光化学スモッグ注意報」が出ていました。

ＣＯ２と邪気が一体化して多く集まっているところへ、太陽の紫外線にあたると「爆発」するのです。紫外線は、「点火剤」の役目です。原子爆弾や水素爆弾は粒子が大きいため、毒性もありますが、どちらかというと形のあるものを破壊するのです。中性子爆弾は粒子がないため、物は破壊しません。どんなものも素通りしてしまうのです。その代わり、全ての生物の命をうばってしまうような働きをするのです。

耕盤は、農薬やＣＯ２、そして人間の偏った意識で作りあげた毒性が原因だったと思います。

すべての意識エネルギーは、超精妙のため鉛の中を通過します。人間の偏った意識エネルギーは、中性子爆弾のような働きも可能なのです。そして、偏りのない調和バランスした意識エネルギーは、宇宙エネルギーと同じ働きをするのです。釈迦はそれを、「中庸」呼び、イエスは「愛」と呼んで、仏智、叡智、全知全能の力とも呼んでいるのです。

天のエネルギーと地のエネルギー

３０年ほど前、新潟に住んでいた頃、朝日を見るのが楽しくて日課になっていました。雨の降らない日は毎日でした。ゴザを1枚持って、寒さよけの毛布を持って、家から１０m程離れた場所で、前面は田んぼで、そのはるか遠くには、新潟県と山形県と福島県との県境の山脈が見えます。その山並みから、朝日が顔を出すのです。

ある日、遠くからは朝日が来るものの、上空は厚い雲におおわれていた時です。霧のような雨が、上から降ってくるのです。しばらくしたら、今度は少し斜めに、大きめの霧みたいな雨が降ってきたのです。

「何か変だなあ」と思った私は周囲を見まわすと、上から真直ぐ地に降りてくる細かい雨のようなものと、少し斜めに降ってくる雨のようなものが、二種類同時に降っていることがわかりました。

その後、斜めに降っているものは雨で、上から真直ぐに降っているのは雨ではなくて、エネルギーと質料が「見えるか見えない状態」で降り注がれていることがわかりました。ちょうど、「ニュートリノ」みたいなものだなあと思っています。エネルギーは絶対に見えませんが、一緒に降りてくる質料が見えるのです。

それは、いつでもどこでも見ることができるようになりました。この地上に降りてくるエネルギーの質によって、降ってくる質料の大きさや降り方が違うことを発見し、その後、仮説と結果を繰り返して、私なりの「ものさし」にして、長年やっていたら、より正確な「ものさし」ができ、どんな土地でも、どんな空間でも、一瞬にして見分けることができるようになりました。

上から降ってくるエネルギーと、下から上がってくるエネルギーがあることもわかりました。下から上がってくるのは、地中のマグマからのエネルギーだろうと推測していましたが、知花先生から「地球のマグマ」の話を聞いたときに、「間違いない、マグマからのエネルギーだ」と確信したのです。

上から降ってくるのは「天のエネルギー」で、下から上がってくるのは「地のエネルギー」で、それが地球の表面で交わるのです。

「天のエネルギー」とは男性原理で、陽エネルギーです。「地のエネルギー」とは、母なる大地、女性原理で陰エネルギーです。陽と陰がひとつになる、オスとメスがひとつになり、子供をつくりだす。オシベとメシベで、種や実をつくりだす。

「あっ、これが地表で全ての植物をつくり出すエネルギーなのだ」と、気づきはじめたのです。

「そうか、知花先生の『21世紀は、気耕栽培です』とはこのことだったのか」と思っています。どうりで、あのわけのわからない「下手な絵」が、納得できました。

自然界において、女が「どざえもん」になったら、必ず仰向きにプカプカ浮いている。男が「どざえもん」になったら、うつ伏せになってプカプカ浮いている。

「そうか、仰向けになっている女の上に、男がうつ伏せに乗っかるこの姿は、『正常位』

と云われていて、『正常の形』なのだ。よし、『正常位農法』と名付けようか・・・」と云ったら、みんなに怒られました。

「もっと、まじめにやれ！」と。

俺は、まじめなんだけどなぁ・・・・

気（エネルギー）農法が見えてきました。女性がいれば、男性は集まってくるのです。

「マグマからの『地のエネルギー』を、地表へ持ってくればいいのだ」

地表の土に、田んぼや畑に、川田研究所の農業用ミネラル液Aと宇宙エネルギーを入れ込んだ「農業さくらA」を撒けば、農薬や邪気などの毒性が消え、地球がバリアをはずし、耕盤がなくなり、マグマの「地のエネルギー」と「天のエネルギー」で、農薬も肥料もなしで、植物が元気に育つのです。

その「天と地のエネルギー」が更に大きく働いてもらために、バランスした意識エネルギーが必要になってくるのです。これが、天と地と、農業にたずさわる人の意識でつくりだす、気（エネルギー）農法です。

私は、この農法を考え実験して確信していましたが、なんと言っても農業をやる人の意識が一番大切なのです。

ＴＰＰがはじまります。政府は、農家の人に「補助金」を用意しているようです。でもそれは最初だけで、後は、補助金は一円も出ないと思った方がいいでしょう。なぜなら、国はお金が足りないのですから。

それよりも、一日も早く、この「天地一体の超自然農法」の実践研究に入り、安心で安全な、超コスト安の農業をみんなでつくりませんか。世界一安いコストで、安心で安全な「農業輸出国」になれると思います。考えるより、やってみればすぐわかる農法と思ってください。

この農法は、とにかく簡単なのです。

実験のための畑は、小さくても大きくてもどちらでも構いませんが、「よし、俺が確かめてやろう！」と云う人がいたら、大歓迎です。本当の真剣勝負をしたことがありますか。土と微生物と植物を、真剣に愛するつもりで取り組んでみてください。

耕盤が抜けるまで6カ月位かかると思いますが、3カ月くらいでハッキリ見えてきます。費用は、世界一安価と思ってください。全国各地で、この農法の勉強会を考えています。ぜひ一緒に、世界一の農法を育ててみたいと思いませんか。

そのときに使う、エネルギーとナノ化ミネラルの「0活性水」を大量につくれる設備を準備しました。その水の名は「花さかじいさん」という名前です。

第十三章

漁業・水産・畜産

天然ものと変わらない養殖魚

日本のある湾と湖で、水産実験をしました。

ある湾内で、「鯛とハマチの養殖」実験です。直径２０m位の「網の囲い」の中での実験です。その囲いの中には、ハマチが泳いでいます。

１２本の「LLセブン」を網の内側に吊るしました。「農業さくら」を2リットルずつ同じ場所で、７日間、上からボトボトとたらします。その後も毎週2リットルを１本ずつ同じ場所でボトボト入れ続けるのです。

５月より始めました。8月中旬に、ハマチを1尾釣りあげて、味見をすることにしました。私、風天も船に乗せてもらい、現場視察です。

釣りあげた瞬間、養殖会社の社長が「きれいなハマチだ」と一言。

腹を割いたら「わあ、きれいな内臓だ」と、すぐに鼻をつけ、臭いを嗅ぎましたが、「生臭さが全く無い」ので、みんなで希望が膨らみました。

12月に入り寒さも増してきて、鯛とハマチの「脂」も乗って、しかも脂がサラサラしているので、いくら食べても「飽きない」との評判が上がりました。

ある主婦が、そのハマチを1尾買い、料理屋さんの板前さんに「さばいて」もらった時、板前さんが「こんな見事なブリは初めてだ」とほめられ、嬉しくなったという話を聞きました。

そのきっかけで、ある人にお願いして、東京銀座の高級寿司店の「店長・板長会議」の席に、この鯛とハマチを空輸して、試食会を開催してもらいました。その時に、さばいた板前さんが、

「これ本当に養殖ものなの？　天然ものと同じだよ」と。

試食会の結果、鯛に関しては全員一致で、「天然ものと変わらない」でした。

ハマチに関しては、全員が「色、味は天然ものと変わらない」でしたが、1名だけ「飲み

込む時に、気のせいかエサで使ったイワシの臭いがした」とのことでした。

試食会の写真を頂きました。「店の名前と、今の言葉と、写真を誰にでも見せてかまいません。責任を持ちます。自信あります」との嬉しいコメント付きでした。（記録写真あります）

ある湖で、「カキの養殖」の実験です。

全国的な暑さが続き、海水や湖の水温が上がってしまい、全国で魚が死んだり、養殖がうまくいかなかったことがありました。実験をする湖も、水温が下がらないために、養殖のカキが死んだり、小粒だったり、カキの腹に紫色のすじが入って売り物にならないので、「なんとかしてほしい」ということで、実験させて頂いたのです。

水温が下がらないと、水の中の溶存酸素がなくなるのです。温度が上がると、酸素が減って行くのです。それで、酸欠のために「赤湖」になったり、海藻や魚介類が不作になるのです。今は分かりませんが、当時は琵琶湖も水温が上がって、水の力がなくなっていました。

解決策としては、水の中へ酸素やエネルギーを入れればいいのです。私は、エネルギー水や、ＬＬセブンを使うのです。ＬＬセブンは、水につけておくと、水中の溶存酸素がドンドン増えて行くのです。それは溶存酸素測定器で、しっかり数値で出てきますので自信あります。（測定写真あります）

湖や海の中に吊るしておくだけで、波に動かされて、水との摩擦で酸素が増えてくると思っています。広い海や湖の一部に、エネルギーを貯めることができるのです。

私がそれを知ったきっかけは、今から３５年前に当時の会社の仕事で、新潟県内の航空写真を撮るためによくセスナ機に同乗していました。新潟港から佐渡へ向かって、高速艇の「ジェットフォイル」が白波を立てて波の上を飛んで行くのです。そのあとに、白く光った泡の道が続くのです。不思議に「ジェットフォイル」が通ってなくても、澄みきった透明な「水の道」が続いているのです。

私は機長に、「あの水の道は、どうして出来ているのですか」

機長は、「いつも出来ているのですよ。船の通った跡ですよ」

私は、「泡が消えてしまい、波で海の水が動いているのに、なぜなのだろう……」

でも、なんとなく分かりました。高速艇のスクリューで海水を切るために、そこにエネルギーが発生するのです。そして、そのエネルギーの余韻が残っている間に、また別の船が通る。そのくり返しで、海水の中でエネルギーが発生し続けていることが分かりました。エネルギーは水や波が動いても、その場で生き続けていることを発見したのです。

この発見を用いて海や湖の一部分にだけ、エネルギーを貯え、生き続け、働き続けることができる方法を考えたのです。この方法を使えば、水や物体、そして空気の中でもエネルギーの場をつくり、働き続けることが可能と思っています。

畜産に関しても、にわとり、豚、肉牛、乳牛などで実験中です

堆肥の発酵実験を、豚でやりました。豚の生糞にモミガラで水分調整をして、今までだっ

たら「完熟発酵」まで60日〜70日、要したのに、「オーラの光風」と「エネルギー水」の併用で、7日〜10日で完熟発酵が出来て、白い放線菌が表面にも、内部にもビシッと入っています。考え方としては、「嫌気性発酵」でもない、「好気性発酵」でもない、「中気性発酵」のように思っています。

そして、「今までの60日以上かけた堆肥」と、「10日間の中気性発酵の堆肥」を使って、レタスと二十日大根の発芽と成長のテストをして写真に収めています。成長は2倍以上の差が出ています。もちろん、「10日間の中気性発酵の堆肥」を使った方が、大きく育っています。(記録写真あります)

第十四章

人類と地球を救うためにきた、知花先生

知花先生の役割

「1990年頃、知花先生はこんな話をしています。『私はかつて、釈迦やイエスを指導したこともある、トートという名前のときもありました。人間として地球に生まれてくる必要はなかったのですが、人類があまりにも低い意識でいるために、地球の北極と南極が入替わる、または地球がなくなる。人類が大変なことになるので、やむを得ず、地球に出てきました。』

低い意識とは、物質意識のことです。地球は、大自然は、「万物の霊長」といわれる人間の意識で良くも悪くもなるのです。

私、風天は、知花先生の講話を何千回（生で聴く、CDやDVDで聴く）も聴いて、自分の中で整理すると、知花先生が地上に来た目的は、一つは地球の地軸の調整。一つはノストラダムスの「地球が崩壊してなくなる予言」をくつがえすため。もう一つは、「神は科学である、宇宙科学、創造の科学である」、宇宙エネルギーの存在とその使い方を人類に伝えること。と言っていました。講話と瞑想を通して、多くの人を天に連れて帰る（悟り人になるお手伝い）ことのように思えます。

地軸の調整

地球は北極点と南極点、磁気的に北（N極）と南（S極）を中心軸として回転しています。それを地軸と云います。その地軸を支えているのは、地軸に対し直角（９０度）の気軸（天軸）なのです。地とは、肉眼で見える姿・形、つまり物質のことです。それに対し天は、見えないエネルギーのことを指します。釈迦の言葉で説明すると、地とは「色・結果」のことで、天とは「空・原因」のことです。

地球という丸い形は、北極と南極の地軸を中心に回転しています。気軸（エネルギーの軸）は、何と日本の本州のど真ん中、山梨県に近い長野県の野辺山と、反対側は、南米のパラグアイを軸にして、少しゆがみながら回転していました。

風天が思うには、日本には春夏秋冬のはっきりした四季があったのは３０年位前まででではないでしょうか。その根拠としては、日本の天文観測の国立天文台は、磁気の影響の少ない「０磁場」の野辺山におかれていたのです。

しかし今は、０磁場地点は沖縄に移ってしまったそうです。日本の反対側の地点は、パラグアイからボリビアのサンタクルスに移ったそうです。

その頃、私は新潟県の横越村と云うところに住んでいて、毎朝、同じ場所から朝日が昇るのを見ていたのです。一年の内で一番北側から昇る夏至の日、１０年位で、日が昇る地点が、ずいぶん南寄りになっていたことを覚えています。毎回、山形・福島方面の山々をバックに見ているのですが、ずいぶん大きくずれてきていました。

地球にエネルギーが少なくなってきたためだそうです。たとえ話で云うと、コマが勢いよく回転している時は、垂直に立っていますが、力が無くなってくると、頭の方がグラグラ揺れてくるのと同じ現象です。さらに勢いがなくなってくると、転んでしまいます。地軸の力がこれ以上なくなってくると、北極・南極が入れ替わってしまう、一回転してしまう「ポールシフト」という現象が心配されていたようです。

知花先生は、年に何回も、沖縄とサンタクルスへ行き、気軸の確認をされていたようです。私も数回サンタクルスへ一緒に連れて行って頂きました。どのようにして、地球にエネルギーを入れるかは、後で説明したいと思います。

次にノストラダムスの予言ですが、知花先生曰く『予言とは、必ずくつがえすことが可能なものしか出てこないのだ』と。なぜそのような予言が出されたのかよく考えて下さい。必ず知恵が出てくるものなのです。

この度の予言は、2万6千年毎に起こる可能性のあるものなんだそうです。地球が太陽系の惑星を全部廻ってくるのに、2万6千年かかり、太陽系が12星座を一廻りするのに、同じ2万6千年かかるのだそうです。その出発は、全く同じときからのスタートなのだそうです。

水瓶座（アクエリアス）からスタートして、最後の魚座（双子座・パイシス）で終わり、次のスタート、水瓶座に変わるときが1999年7月17日だそうです。今までも、双子座（パイシス）の波動のときは、必ず物質文明が栄えてきて、見える物だけに価値観を持ってしまい、物の奪い合い、権力の奪い合いから、戦争、戦い、殺し合いが行われるのだそうです。

今も世界は、パイシスの波動の余韻が続いています。世界の国のトップは、すべて物質中心の人たちです。なぜなら、物質文明の「長」だからです。

ノストラダムスの予言とは

１９９９年７月１７日、地球がバラバラになり、地球と人類が滅亡するという内容です。なぜ地球がバラバラになるのか？　その日は、グランドクロスと云って、地球を中心に大きな惑星が十字に並ぶんだそうです。月も引力で地球を引っ張るのですが、地球の本体は動かず、動きやすい海の水が動くのです。それが引き潮、満ち潮になっているのです。大きな惑星の力で引っ張ったら、地球はバラバラになる可能性が大きかったので、知花先生はそれを防ぐために地球に来たと言っています。

陰陽のバランスを崩した

大自然は、宇宙は、なぜ、そんな弱い地球をつくったのだろう。可笑しく思いませんか？本来、地球はそんなことでバラバラになるようなものではないのですが、地球にエネルギーがなくなってしまっている状態だからです。

エネルギーとは力のことです。力とは、能動原理と受動原理です。能動は、男性原理（陽）で、受動は女性原理（陰）です。陰と陽のバランスの力なのです。見えないエネルギーは、動かす力で陽なのです。見える物質は動かされるもので、陰なのです。

人類が、見える物質（陰）だけを意識して、見えないエネルギー（陽）を意識しないために、陰陽のバランスが崩れ、陰だけに偏ってしまったのです。その結果として、エネルギー不足で、地球内部の結合力が弱くなり、四方から引っ張られてバラバラになるという予言です。

エネルギーをつくりだす方法

ニワトリの卵が2つあったとします。一つは無精卵、一つは有精卵です。卵は卵子、女性原理で陰。精子は男性原理で陽です。無精卵は、栄養も少なく、すぐに腐ってしまいます。有精卵は、栄養もエネルギーも高く、あたためると「ひよこ」が生まれます。精子（陽）と卵子（陰）のバランス・調和が力なのです。オシベとメシベ、オスとメス、男性と女性、見える「この世」も、見えない「空（くう）」も、すべて陰と陽のバランスが力で、その力で成り立っているのです。

地球にエネルギーを入れる

知花先生は、みんなに「瞑想をしてください」と真剣に瞑想をすすめました。人間は、肉体（陰）と生命（陽）の融合体です。全人類が、見える物質（陰）だけを意識して、その肉体をつくり生かしつづけている生命（陽）を全く意識しなかったために、陰に偏り、地球にエネルギーが無くなったのです。だから、本当の自分とは、見える肉体ではなくて、その肉体を生かし続けている命が自分だと意識することで、肉体（陰）と生命（陽）のバランスがとれ、体からエネルギーが放射されるのです。

このことを、瞑想、内観と云います。このときのエネルギーは、陰陽の愛のエネルギー、中庸のエネルギーで、正に宇宙エネルギーそのものなのです。地球と云う卵（陰子）に精子（陽子）が入り、有精卵のような、エネルギーのある地球に生まれ変わらせるためなのです。

地球の存続が可能

一時、地球が危ない状態にあったとき、知花先生は講話以外すべて瞑想していることを何カ月も続けていたように見えました。私たちも微力ながら、一生懸命に瞑想しました。ある日、知花先生がニコニコして、数人の人に言いました。

『地球の存続が決まりました。見えない霊の世界で決定したので、それがそのまま現象として現れるので、間違いありません』北極・南極の地軸のズレの進行も止まり、グランドクロスの惑星の引力にも負けず、知花先生のお蔭で、辛うじて達成できたと思っています。ノストラダムスの予言は、知花先生の指導のもとで、みんなでくつがえすことが出来たと思っています。

第十五章

知花先生の教えを実践する

その1

全国各地で風天教室を行う

「真理をひとりでも多くの人に伝えて下さい。そのためには、まずあなたが真理を理解、実感して下さい。実感した分だけ、かみくだいて伝えてください」‥‥

その伝える手段として、風天教室を続けているのです。風天が理解し実感した分だけを、わかりやすくお話しているつもりです。また、風天教室では、知花先生の講話のＤＶＤやＣＤを紹介していますが、最近は本当に多く売れるのです。

風天教室での話の一部分を、紙上風天教室としてまとめてみました。

ＤＶＤ右脳と左脳の働きについて

皆さんは今まで何かを考えるのは、脳の働きと教えられてきたと思いますが、脳は一切、考える力はもっていません。

考えるのは心と、この空間（正確には空）とで、考えているのです。考えると波形、波長（波動）が発生します。その波動を左脳が吸引し、右脳から放射しているのです。脳を通過するときに、脳が認識をするのです。

脳は認識する役目です。更に、右脳から放出された波動（考え）は、この空間で保管されているのです。それが記憶なのです。

必要なときにその記憶の波を左脳が吸引して右脳より出す、脳を通過するときに、脳がそれを認識すると記憶が出てきたと言う言い方になるのです。

本当の私は意識です

皆さんはこの肉体が自分だと思っている人がほとんどだと思います。本当でしょうか。

はい、肩の力を抜いて、両手を前に出して下さい。手をひらいてください、とじて下さい、両手を上に上げて下さい、片方下ろしてください。もう片方も下ろしてください。

手をひらいて、とじて、片方ひらいて、もう片方、閉じて、手を打って、止めて下さい。

これを繰り返します。いやーおもしろいように、私の言う通りに動く、おもしろい、おもしろい。本当に私の言う通りに動く・・

今、私と言っているのは、肉体の手のことではありません。手を動かしている意識のことを言ってます。

本当の私は、肉体ではなくて意識（生命）が自分ということがおわかりですね、意識が言葉通りの波を起こし、左脳が吸引して右脳から放つ、その通過するときに脳が認識して、神経を通して、筋肉に命令して動いているのです。

このときの意識は体を動かす、指示するエネルギーなのです。

心とは全智全能の神

心とは、全知全能の力のことです。心が働いたときのことを意識と言っているのです。

私たちの毎日の生活は、全て想念が決めているのです。今日、風天教室へ来てくれた方は、自分で来ようと思っているから、来ているのです。

間違って来た人でも間違ってこようと思ってしまったのです。どの席へ座ろうかも、全て最終的には自分自身で決めているのです。

私たちの一生は、今も、これからも１００％想念が決めてゆくのです。何を思うか、何に意識するかが、一番大切なのです。祈りと答えは一つである、思ったことは必ず現れると信じる、意識することで具現化するのだと思います。

個人意識と宇宙意識

自分が個人だと思っているときのことを個人意識と言います。自分が宇宙だと思ったときのことを宇宙意識というのです。自分が人間、肉体と思っているときのことを人間意識、肉体意識といいます。そのときは、人間波動、肉体波動という、小さなエネルギーなのです。

生命とは、宇宙に一つしかない宇宙生命のことをいうのです。

一つの宇宙、生命が全ての、全てを生かしているのです。
宇宙生命とは、宇宙は生命で、生命は宇宙ということです。自分の肉体や手を動かしている生命が自分だと思った時のことを宇宙意識というのです。そのときは宇宙波動が出ているのです。

全ては思った通りに、現れる

想念とは思うことです。意識することです。イメージすることです。「思う」と、思った通りの波動（波形・波長）が現れるのです。全てそのようにして、つくりだした波形、波長がこの空間に存在して、それを具現化して現わす働きをしているのは、見えない神や霊と云われる存在が行っているのです。具現化することで、その波動は消えてしまうのです。それを現象界で云われている、「心にあるものは、現れて消える」と云う意味です。

神（原因）の世界には、善悪はありません。原因と結果の世界は、一つと云うことで全て同じなので、目に見える現れた世界でも、本来、善悪はないのです。

それを私たちが「善だ、悪だ」と勝手に思って、競いをつくり出しているのです。

神（原因）の世界は、完全調和、完全バランスのエネルギー（波動）の世界です。その完全調和の愛のエネルギーを、私たちが想念（意識）を使って、不調和な映像（目に見える現象界）にしているのです。

それを見て、また、より不調和な想念をつくり、より不調和な映像の世界を映し出しているのです。

釈迦は、それを「まぼろし」と云っています。この世の一番大きな苦しみ「生老病死」は、まぼろしの一番の見本のようなものです。この世は、「全て心の写し鏡である」と云っているのは、このことを意味するのです。

「心」が全てを決めるのです

心がきれいだったら、きれいな現象が現れるのです。心がよごれていると、よごれた立体映像が現れてくるのです。

何を思うか、何を意識するかで、全てが決まるのです。知花先生は、そのことも詳しくＤＶＤ「想念は実現の母」で教えてくれています。

神と云う想念

最高の想念は、神という想念です。鉱物、植物、動物、人間の中で、「自分が神だ」と認める、「神そのものだ」と想念できるのは、人間だけなのです。人間以外の鉱物、植物、動物は神が決めたこと以外に想念できないため、何の心配も、困った思いもないのです。心の自由があるのは人間だけです。その自由を使って、みんなで「苦しみのある世の中」をつくってしまったのです。それは、「全てが神である」、「自分自身が神そのものの存在だ」と云うことを、知らなかったからです。それを、「無知なことほど罪はない」と云っているのです。

宇宙エネルギーを使うしかない

人類の指導者のほとんどが無知だったために、本当の神を知っていませんでした。カネだ、モノだ、資源だと、まぼろしの存在を追いかけ、偏った想念で全人類を不幸の苦しみの方向へ持って行ったのです。

釈迦もイエスも知花先生も、同じことを教えてくれています。宇宙エネルギーは、意識、想念で使うのです。想念、意識をつかって宇宙エネルギーや神の力をつかうことが分かってきたので、みんなで新しい地球をつくる、精神文明は今はじまりつつあるのです。

釈迦の教え、イエスの教え

見えない意識や、正しい想念をつくり出すには、神の存在、宇宙エネルギーの存在、さらに肉体や魂の存在についても、正しく理解する必要があるのです。それを理解するには、知花先生の残してくれた講話ＣＤ、ＤＶＤがあります。

もし、釈迦が説法しているときや、イエスが説教しているときに、サンスクリット語でもヘブライ語でも、ＣＤやＤＶＤのような正確に音声や動画が残っていたら、今の仏教も、今のキリスト教も大きく変わっていたと思います。

神の話、見えない世界を説明するには「たとえ話」しかないのです。そのたとえば、たとえばの話の解釈が、一人ひとり違うのです。

その点、知花先生のたとえ話は、科学用語を使ったり、色々の角度から本質、本源の真理の世界を話してくれているので、多くのＣＤ、ＤＶＤがあるのです。

自分の今の精神状態で、たとえ話がピッタリ合った時は、本当に理解できるのです。その繰り返しで、少しずつ理解が深まってくるのです。

私たちの意識を向上させ、悟りまでの道案内人は、ＣＤ、ＤＶＤだと思います。

ＣＤ、ＤＶＤの装置を開発した人に、ノーベル賞以上の賞をみんなで与えるようになるでしょう。

その2

エネルギーと意識波動は同じもの

知花先生が、真理の話やエネルギーの話をするときは全て「たとえ話」です。２０年前、有限会社東日をつくったときの話で、「真理を広げて下さい。真理だけでは拡がりにくいので、エネルギーグッズを知花がつくります。それを販売しながら、真理を乗せて広げて下さい」

この「真理を乗せる」という意味が、たとえ話だったのです。ずっーと後になってから、本当の意味がわかったのです。

絶対エネルギー

エネルギーには「陰のエネルギー」と「陽のエネルギー」の、相対のエネルギーがあります。

今、世の中で出回っているエネルギーグッズは、ほとんどが陽のエネルギーです。まれに、陰のエネルギーもあります。

陰も陽も、条件や環境が変わると「反転」するのです。例えば、陽のものを2個同時に持つと、陰に変わることが多くあります。そういう意味では、逆効果も多々あるのです。

陰と陽の相対を絶った「絶対エネルギー」というのが、本当のエネルギーです。絶対エネルギーは、どんな環境でも必ず調和の方向へ働くのです。宇宙エネルギーは、絶対調和、完全バランスのエネルギーです。

完全調和のエネルギーグッズ

エネルギーグッズとは、エネルギーを放射する装置のことです。チタンや水晶や鏡などに意識（エネルギー）を入れ込みホールドして、安定してエネルギーを放射しつづけるもののことです。

エネルギーを入れ込んだり安定させるのは、意識エネルギーを転写するようなもので、

転写しやすいものや、安定しやすい材質を選んで使います

0活性エネルギー

風大和研究所でつくっている商品は全て、調和のエネルギーを放射しています。0磁場のような場ではなく、0活性（調和）のエネルギーを放射しつづける、エネルギーそのものです。

見えないエネルギーと見える物質

超精妙な宇宙エネルギーのことが分かると、見えないエネルギーも見える物質も、「全てエネルギーだ」ということが分かります。バイブレーション、振動数がちがうだけなのです。

真理と調和のエネルギーは同じものです

真理と波動と意識とエネルギーは全く同じものです。「調和のエネルギー放射装置」を広めることが、真理の伝道になるのです。この空間に多く放射することが、みんなのためになるのです。知花先生の「エネルギーグッズに真理を乗せる」とは、「エネルギーが真理そのものだ」と教えてくれたのです。

知花先生に、「あなたがつくりなさい」と言われて、研究し始めました。先生は、私ができないことを言うわけはないと、初めから「必ずつくれる」という想念を持たせてくれたのだと思っています。

あとがき

昨年の１２月の冬至の日、なんとなく本が書きたくなりました。なぜか分からないけど、風まかせ、天まかせ、自分の思いにまかせて書こうと決めました。

「宣誓、私こと風天は春分の日までに、おもしろい本を発行することを誓います。１２月２２日。以上」と、何を書こうとも決まっていないのに、言ってしまったのです。

原稿用紙をいっぱい買ってきて、私の目の前に置いて、「いくら書いても大丈夫」と、原稿用紙を「催促係」にして、スタートしました。

元日の夕方から机に向かい、少しずつ書き始めました。覚悟が決まったら、どんどん書けるようになり、まるで別人のように集中力、忍耐力が出て、智恵まで出てくるのです。

「ペンが走るって、このことを言うのか」

「これなら、いけるぞ！」と、今度は楽しくなってきました。

内容は別として、私を「天才風の文章書き」にしてくれた張本人があったのです。その張本人は、風大和研究所でつくった「アクエリアスの風」と、「特殊鏡」のセットが、私に力を与えてくれたのです。

椅子の下にエネルギー放射装置「アクエリアスの風」を置き、頭の上２０㎝くらいの位置に「特殊鏡」を下向きにして水平にセットするのです。「アクエリアスの風」から放射された光エネルギーが肛門近くから脊髄、７つのチャクラを通り鏡に当たり、エネルギー変換された光エネルギーが、今度は頭から肛門近くへ働いてくるのです。鉛をも通過する、光エネルギーが私に働いてくれたのです。

もうひとつは、知花先生の講話ＤＶＤ「右脳と左脳の働きについて」の中で、
「脳は、考える力は全くありません。考えるのは自分の心と、この空間（正確には空）

とで考えている」のだそうです。

「考える」と、想念波動と云う波が発生します。その波を左脳が吸引し、右脳から空間へ放射するので、通過するときに脳が認識するのだそうです。その認識したときに神経や体で感じる、それを「考える」というのだそうです。

「そうか、俺の頭や脳で考えるのではないのか。それなら、いくらでも考えられるぞ！これは楽チンだ・・・」

「このことがしっかり分かれば、誰でもが天才や名人みたいにできるんだ」と云うことも分かりました。

今回の本の内容は、すべて自分の心の中にあった波動を、左脳が吸引し、右脳から放射したものです。正味、２０日間位で書き上げました。乱ぼうな文章ですみません。

楽しさついでに、次の出版の企画が出てきてしまいました。今、実践研究している内容や「アクエリアスのエネルギー」について、書きたいと思っています。

アクエリアスのエネルギーとは、どのようなものか。

毎日の生活に、農業、食料生産に、エネルギーを使うことや、会社内や地域における人間関係、自分の心の中で人を愛する心と人を憎む心を持っていますが、それが統合すると、今以上に愛する心が大きくなるなど、詳しく書くつもりです。

これがわかれば誰でもが幸せになれるのです。

最後に、へたな文章を読んで頂いて、ありがとうございました。

重川風天

2016年3月吉日

２０１６年春分の日新発売です。

一人一人の健康と幸せに
あなたの心と体を調和に導く

この度、オール純チタン製の、調和の波動を出す「和真の響」と云う、エネルギー発生装置をつくりました。

全ての人の心に響く、同調するエネルギーです。体につけたり、近くに置くことで誰でもが明るくなるような働きをします。

全ての人が、本当の幸せの方向へ意識が向うような想念エネルギーを、純チタンや水晶、鏡、酸化チタン、ダイヤモンド、ＬＥＤに入れ込み、更に完成してからもまた数回、エネルギーを入れるのです。

エネルギーは、完全調和、完全バランスと云う意識波動が基本です。心が明るくなる波動や次元を上げるような波動、心がゆったり和らぐ波動、そして働きを安定させる波動を各部品、部位を通して入れ込んでいます。

「和真の響」エネルギー発生装置

かずまのひびき

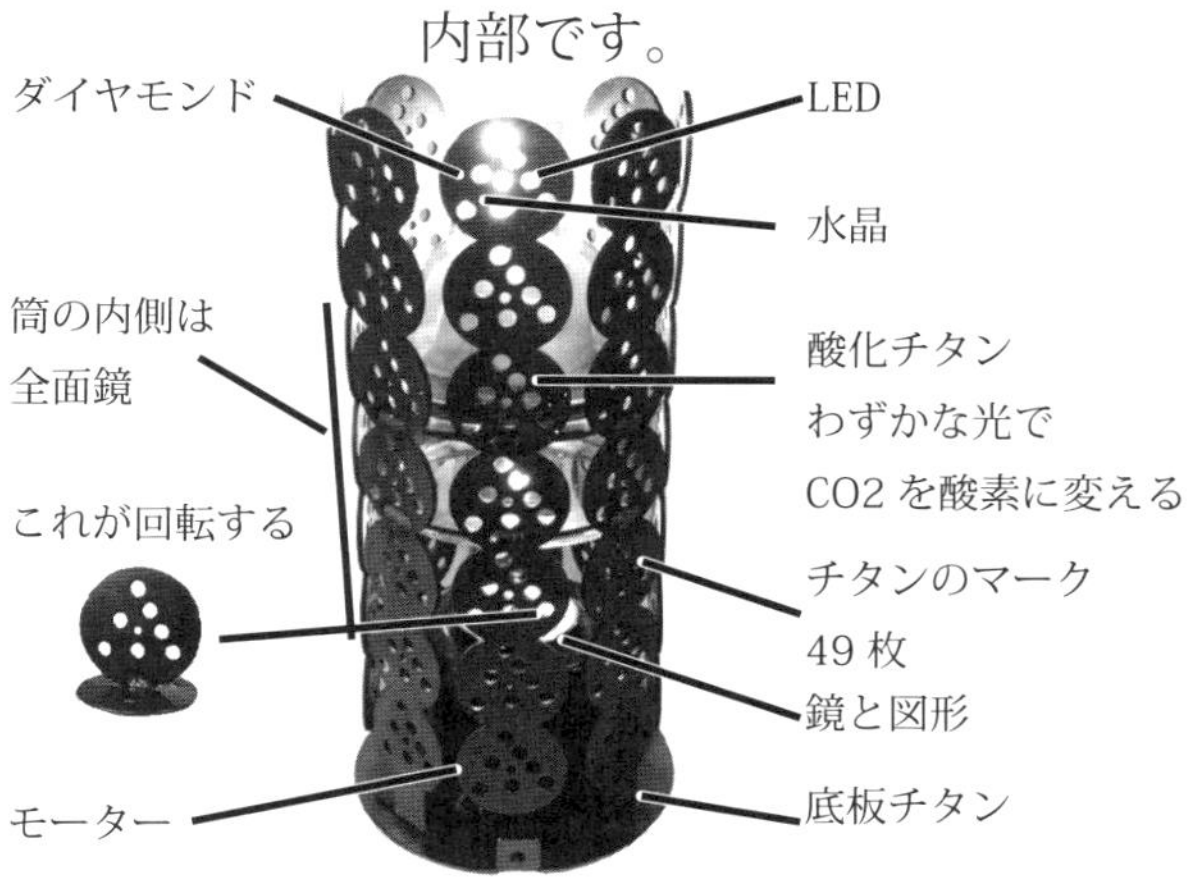

和を持って尊しと為す
救世観音のイメージです

材質：チタン　高さ：約 144ｍｍ　重さ：約 300 ｇ
直径：約 68ｍｍ　入力電源：DC5V

２０１６年春分の日新発売です。

地球環境を良くする
天地一体農法に活躍する

土壌と微生物と植物が喜ぶ
即効性のある無害な肥料水

知花先生の講話より

昔話の花咲かじいさんの話は、あれは、本当のことです。

何万年か昔に、今と同じような地球の状態があったのです。それは、化学薬品や農薬や邪気などですべてが酸性化してしまい、ほとんどの木が枯れ木になってしまいました。そのとき、シロという名前の犬がその解決方法を教えてくれたのです。

そのシロとは白光という意味で、神という意味です。おじいさんとは男性原理で、エネルギーのことを指します。おじいさんが白い灰（酸を中和する）を撒けば、空気、水、土が中和され、枯れ木が生き返るのです。

話の中で、おじいさんは枯れ木に灰を撒いて、多くの恵みをつくりだしました。白い灰はカルシウムや宇宙エネルギーのことです。恵みとはすべての万物の幸せのことだと思います。

土壌調整用のナノ化ミネラルとナノ化カルシウムを合体させたミネラル水です。

農薬の毒性を消し、好気性菌（放線菌）を育てます。

花さかじいさん２Ｌ

花さかじいさんは10万倍希釈です。

【お問い合わせ】風大和研究所㈱　〒144-0034　東京都大田区西糀谷 1-22-19-301
TEL 03-5735-3511（平日10時～17時　土日祝 定休）
FAX 03-5735-3512　E-mail : kazeyamato@futen.info

著者：　重川風天　（しげかわ　ふうてん）
風大和研究所顧問 昭和１９年生まれ。新潟出身。真冬の滝業や断食、インド
釈迦の聖地の巡礼、仏教、キリスト教、生長の家、神道等々を体験。
苦行や宗教はまったく不要と思っています。現在は宇宙エネルギーの使い方の研究にはまっています。特に無肥料、無農薬の農業の研究に力を入れています。
知花敏彦師の伝える真理に近づくための努力中です。
著書
『誰でもが幸せになる　プラチナの風がふく』
『雑念の湧かない　あいの瞑想法』

知花先生に学ぶ　風天のおもしろ話
平成２８年３月２０日　第１刷発行
著　者　重川風天
発売者　斎藤信二
発売所　株式会社　高木書房
〒１１４-００１２
東京都北区田端新町１-２１-１-４０２
電　話　０３-５８５５-１２８０
ＦＡＸ　０３-５８５５-１２８１
メール　syoboutakagi@dolphin.ocn.ne.jp
発行者　重川圭一
発行所　風大和研究所　株式会社　〒144-0034 東京都大田区西糀谷 1-22-19-301
TEL 03-5735-3511　FAX 03-5735-3512　E-mail : kazeyamato@futen.info
※乱丁・落丁は、送料小社負担にてお取替えいたします。
※定価はカバーに表示してあります。

　ISBN978-4-88471-440-6　C0077　Printed in Japan